Ursula Maria Auktor

Das System Beziehung
Illusion & Sucht

SHEEMA

Besuchen Sie unsere Homepage,
dort finden Sie weitere Bücher, Hörbücher und CDs.
Wir freuen uns auf Sie!

www.sheema-verlag.de

KONTAKT

Sheema Medien Verlag
Bücher. Aus Liebe.

Hirnsbergerstr. 52
D - 83093 Antwort

Tel.: 08053 - 7992952
Fax: 08053 - 7992953

E-Mail: info@sheema.de
http://www.sheema-verlag.de

SHEEMA

MÖGEN ALLE WESEN GLÜCKLICH SEIN

BUCHEMPFEHLUNG
von Ursula Maria Auktor

ISBN 978-3-931560-44-7
Sheema Medien Verlag 2014

In **BeziehungsDynamit** entschlüsselt **Ursula Maria Auktor** mit liebevoller Schonungslosigkeit vordergründige Probleme in der Sexualität und Partnerschaft und deren ursächliche Mechanismen. Wer, wie sie, Sexualität nicht als Problem darstellt, sondern als Symptom und sie damit als Chance für die eigene Bewusstseinsentwicklung sieht, deckt alle Alibis auf und hebelt damit die selbst kreierten Komfortzonen mit einer Klarheit aus, die jedem einleuchtet.

Mit unbestechlichen, weitsichtigen und neuen Impulsen regt BeziehungsDynamit zum mutigen Hinschauen und Erkennen an. Es geht um das Offenlegen und Aufdecken eines neuen Beziehungszeitalters, womit versteckte Mechanismen von Macht und Ohnmacht in der Sexualität bewusst gemacht werden. Es ist damit ein Buch für Frauen über Männer und für Männer über Frauen.

Keine leichte Kost, aber angenehm differenziert im Umgang mit diesem wichtigen Thema.

- Sexualität ist als Symptom zu hinterfragen und nicht als Ursache für die Probleme damit.
- Sexualität ist der effektivste Wegweiser zur Selbsterkenntnis.
- Echte Veränderung geht immer von innen nach außen.

Ursula Maria Auktor ist bekannt für ihre einfühlsame, klarsichtige und souveräne Begleitung. Durch ihre mediale Begabung deckt sie das Kernthema, das hinter dem ursprünglichen Anliegen liegt, ungewohnt rasch auf und führt es einer Lösung zu. Um inneres Wachstum zu fördern, ermutigt sie nicht nur dazu, sich den anstehenden Herausforderungen bewusst zu stellen, sondern auch dazu, Herausforderungen selbst aktiv zu kreieren. Ihre besondere Art der energetischen Transformationsarbeit eröffnet vollkommen neue Perspektiven des Bewusstseins. Das spiegelt sich auch klar und pragmatisch in ihren Büchern.

Weitere Informationen:

www.sheema-verlag.de

Ursula Maria Auktor

Das System Beziehung

Illusion & Sucht

Redaktionelle Mitarbeit
Andrea Houston

Bibliografische Information der Deutschen Bibliothek
Die Deutsche Bibliothek verzeichnet diese Publikation in der Deutschen Nationalbibliothek; detaillierte Daten sind im Internet über http://dnb.ddb.de abrufbar.

1. Auflage 2015
Originalausgabe

Hirnsberger Str. 52, D – 83093 Antwort
Tel.: +49 (0)8053 – 7992952, Fax: +49 (0)8053 – 7992953
http://www.sheema-verlag.de

ISBN 978-3-931560-48-5

Coverabbildung: © SkyLine/fotolia.com
Bildmaterial im Innenteil: © SkyLine/fotolia.com, Archiv Ursula Maria Auktor
Umschlaggestaltung: Schmucker-digital
Gesamtkonzeption: Sheema Medien Verlag, Cornelia Linder, www.sheema-verlag.de
Redaktionelle Mitarbeit: Andrea Houston
Druck und Bindung: FINIDR, s.r.o., Český Těšín

Das System Beziehung

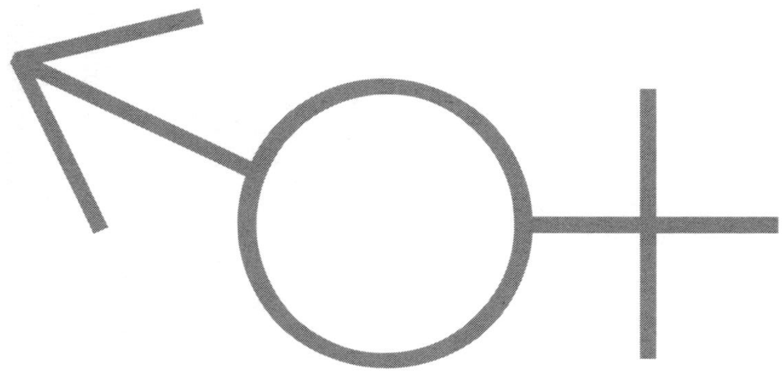

Inhalt

HINWEIS: Der Begriff „Partner" wird im Nachfolgenden jeweils für beide Geschlechter eingesetzt.

Ein Miteinander zweier Menschen ist eine Unmöglichkeit und, wo es doch vorhanden scheint, eine Beschränkung, eine geistige Übereinkunft, welche einen Teil oder beide Teile ihrer vollsten Freiheit und Entwicklung beraubt.

Aber, das Bewusstsein vorausgesetzt, dass auch zwischen den nächsten Menschen unendliche Fernen bestehen bleiben, kann ihnen ein wundervolles Nebeneinanderwohnen erwachsen, wenn es ihnen gelingt, die Weite zwischen sich zu lieben, die ihnen die Möglichkeit gibt, einander immer in ganzer Gestalt und vor einem großen Himmel zu sehen!

Rainer Maria Rilke, Brief an Emanuel von Bodmann (1901)

Einführung 1

Beziehung ist ein bioenergetischer Prozess und unterliegt einzig den universellen Gesetzmäßigkeiten.

Mein erstes Buch hat erhebliche Wellen geschlagen, was den Verlag, und schlussendlich auch mich, davon überzeugte, dass es eine Fortsetzung geben soll. Nach „BeziehungsDynamit" nun also „Das System Beziehung".

Lass uns noch einmal kurz auf „BeziehungsDynamit" blicken: Mein Anliegen war, Macht und Ohnmacht in der Partnerschaft aufzudecken. Dass dabei die Sexualität als vordergründiges Symptom auf den Tisch kam, war unumgänglich, denn sie bietet sich als Kampfarena der Geschlechtlichkeit ganz hervorragend an.

Unbewusste Machtaspekte der Frau gegenüber dem Mann – besonders in ihrer stärksten Rolle als Mutter – treten hier sehr deutlich hervor, und damit auch unbewusste Ängste des Mannes vor der Frau. Eine Partnerschaft ohne Machtkampf ist nicht möglich, weil beide Parteien, bewusst oder unbewusst, ihre Macht oder Ohnmacht auf den Partner und damit nach außen projizieren.

Sind solche Mechanismen einmal bewusst geworden, nimmt man einen vorhandenen Widerstand viel eher nach innen und erkennt dadurch schnell, dass jeder ganz allein dafür verantwortlich ist, wie es ihm oder ihr geht. Würden sich beide Partner auf die innere Ebene verlegen, würde ein Kampf nicht sehr lange andauern. Es ist nämlich beinahe unmöglich, sich mit bewussten Menschen zu streiten, und macht zudem überhaupt keinen Spaß. Denn sobald beide feststellen, dass da in Wirklichkeit nur zwei

Egos miteinander kämpfen, ist die Luft raus und man kann sich ganz locker mitteilen. Dennoch braucht es den Partner und die Beziehung, um sich über das Du im Außen reflektieren zu können. Wird jedoch der eigene Mangel weiter auf den Partner übertragen, der sich dazu übrigens freiwillig zur Verfügung stellt, geht man automatisch in die Kompensation, die sich im Außen durch ein Suchen äußert, das letztendlich zu einer Sucht werden kann.

Darüber schreibe ich in diesem Buch. Ebenso über das Thema „Kommunikation in der Partnerschaft" (Seite 136 ff), denn aufgrund vieler Leserzuschriften kristallisierte sich heraus, dass diese Thematik von großer Verunsicherung beherrscht wird. „Wie sage ich es meinem Partner?", „Warum traue ich mich nicht, meine Bedürfnisse mitzuteilen?", dies waren die offensichtlichsten Fragen zu diesem Bereich. Und weil das so brisant ist, möchte ich gleich einen wichtigen Punkt vorwegnehmen: Es geht darum, „sich mitzuteilen", anstatt zu diskutieren! Der Unterschied besteht darin, dass in einer Diskussion die eigenen Standpunkte vertreten und verteidigt werden. Insgeheim will hier immer einer als Sieger hervorgehen. Beim „Sich-Mitteilen" bleibt man in der Ebenbürtigkeit und zollt dem Partner Respekt und Anerkennung in Bezug auf seine Bedürfnisse und Wünsche. Dabei entfällt die Erwartungshaltung, dass die geäußerten Anliegen erfüllt werden müssen. Schließlich kann keiner für den anderen bestimmen, was „gut" oder „schlecht" sein könnte. Das muss sich jeder erst einmal selbst zugestehen, bevor es dem Partner zugemutet wird.

Ein wichtiges Thema in meiner Praxisarbeit ist „Mangelbewusstsein" und deshalb wirst du hier häufig damit konfrontiert werden. Einem Mangelbewusstsein liegt eine Identitätsstörung zugrunde, die sich auf alle menschlichen Ebenen auswirkt und sich durch die unterschiedlichsten Suchtverhalten äußern kann. Hier gehören sexuelle Neigungen wie Sexsucht und Nymphomanie genauso hinein wie Impotenz und Frigidität, aber auch alltägliche

Kompensationsprogramme wie Arbeits-, Alkohol-, Einkaufs- und Tablettensucht, um nur einige zu nennen.

Die wohl „größte Sucht" von allen ist jedoch die Beziehungssucht. Bei 98 % meiner Klienten zeigt sich hinter jeder sichtbaren Sucht die Beziehungssucht als Ursache in der Kompensation. Wer keine Beziehung zu sich selbst hat, muss auf die Suche gehen und da die eigene individuelle Identität nicht wahrgenommen und erkannt werden kann, beginnt diese Suche immer im Außen. Doch um dieser Wahrheit auf die Spur zu kommen, braucht es die Reflexion in einem äußeren Du. Erst damit können auf der emotionalen Ebene die Erfahrungen gemacht werden, die bereits vorgesehen sind.

Mit anderen Worten: Ein Mangelbewusstsein wünscht sich nichts mehr als Ganzheit und Vollkommenheit und geht deshalb in erster Linie auf die Suche nach allem, was dazu verhelfen könnte. Dass jeder von vornherein schon alles in sich trägt, scheint es nicht zu wissen und macht sich deshalb immer weiter auf die Suche nach den vermeintlich fehlenden Teilen, von denen es sich durch die Identitätslosigkeit selbst abgetrennt hat. Unterwegs sitzt der Verstand immer wieder falschen Identifikationen auf – Vorstellungen davon, wie man sein sollte oder müsste –, denen mehr Bedeutung zugemessen wird als der eigenen Wahrheit. Die Folge ist ein ewiger Kreislauf im Kompensations-Hamsterrad, das sich unermüdlich weiterdreht. Womit jedoch nicht nur die eigene Bedürftigkeit, sondern auch die daraus resultierenden Abhängigkeiten genährt werden.

Diese uralten kosmischen Gesetzmäßigkeiten, die durch die Quantenpsychologie und die aktuelle Gehirn- und Evolutionsforschung wissenschaftlich begründet sind, deuten darauf hin, dass Veränderungen und Entwicklungen bei uns Menschen nicht von heute auf morgen passieren, sondern sich einzig durch Erkenntnisprozesse auf der emotionalen Ebene ins Leben integrieren lassen. Wer also schon einmal von einem sogenannten „Damaskus-Erlebnis" gehört hat, worin ein augenblicklicher Wandel „vom Saulus zum Paulus" möglich sein soll, sei gewarnt: So etwas gibt es nur in Hollywood und in Märchen. Laut einigen Neurologen sollen die großen biblischen Propheten ohnehin „Epileptiker" gewesen sein und ihre Erscheinungen einzig schwere Anfälle.

Sicher: Wer wünscht sich nicht ab und zu eine Abkürzung aus einem unangenehmen Lebensprozess? Ein Wellness-Lebens-Programm steht unbewusst ganz oben auf der Wunschliste vieler, wenn die Heftigkeit einer unerträglichen Lebenssituation nicht nachlassen will. Da sich aber jede Veränderung – sei diese „positiv" oder „negativ" empfunden – nur schleichend anbahnt und deshalb meist unerkannt bleibt, werden Ent-wicklungen oft gar nicht wahrgenommen.

Natürlich werden viele Menschen durch Schicksalsschläge, Krankheit oder einschneidende Erlebnisse wachgerüttelt. Doch auch solche Auslöser können sich in verschiedene Richtungen auswirken. Zum einen kann jemand damit beginnen, sich und sein bisheriges ICH-Leben zu hinterfragen. Ein anderer versucht, mit allen zur Verfügung stehenden Mitteln, dem bisher eingeschlagenen Weg treu zu bleiben. Wie auch immer sich jemand „entscheidet", es ist nicht zu bewerten, denn beides unterliegt der Angst zu scheitern, sei es am Neuen oder am Alten.

Da wir beide nun wohl nicht auf epileptische Anfälle mit plötzlicher Daseinsveränderung zurückgreifen können, gehen wir doch einfach den „normalen" Weg über die Persönlichkeitsentwicklung durch Erkenntnisprozesse auf der emotionalen Ebene.

Aus diesem Grund findest du auch in diesem Buch immer wieder Fallbeispiele aus meiner Praxis (UMA LIVE-Praxis). Zahlreiche

Leserzuschriften zu „BeziehungsDynamit" bestätigten mir, dass diese erheblich mehr auslösten als nur theoretisch aufgeführte Sichtweisen. Und genau darum geht es: dass Erkenntnisse in einem wirken und damit das Verständnis für sich selbst und das Bewusstsein für seine Konditionierungen wachsen.

Ich wünsche dir jetzt schon viele erkenntnisreiche Einsichten über dich und dein einzigartiges Leben.

Das System
Beziehung

Das „System Beziehung" 2

Dein Drehbuch

Hast du dich schon einmal gefragt, wer oder was du als Mensch wirklich bist? Viele, die bei dieser einen Frage landen, haben das Gefühl, dass in ihrem Leben etwas schiefläuft oder etwas fehlt. Wie verhält sich das bei dir? Ist dir als Erstes vielleicht auch deine Profilbeschreibung auf einer deiner Social-Media-Plattformen in den Sinn gekommen? Ist das wirklich alles, was du bist?

Wie kommt es, dass du einzig deine äußere Fassade wahrnimmst und das „größere Bild" von dir nicht einmal erahnen kannst? Aus meiner Erfahrung kann ich sagen, dass die meisten sich selbst eher Fragen stellen können wie: „Warum bin ich nur so, wie ich bin, und nicht so, wie ich sein sollte?" „Warum ist mein Verhalten und Handeln genau so und nicht anders?" Oder vielleicht: „Warum lande ich immer wieder bei den falschen Männern/Frauen?"

Nicht nur, dass Warum-, Wieso- und Weshalb-Fragen unweigerlich im Analysieren und „Mit-sich-selbst-Diskutieren" enden, spricht diese Art Fragen doch ausschließlich die Verstandesebene an und führt unabwendbar ins Vergleichen mit anderen und damit ins Mangelbewusstsein. Ein Gefühl der Unzulänglichkeit, latentes Unbehagen und die Haltung von „ich bin nicht in Ordnung" führen nicht selten in destruktive tägliche Rituale, die zu Stress, Überbelastungen und irgendwann in Krankheiten enden können.

Natürlich braucht es nebst Mut auch eine gehörige Portion Neugierde auf sich selbst und das Leben, um sich Fragen über das eigene So-Sein überhaupt stellen zu wollen. Eine gewisse Angst, dass sich bei genauerem „Hinsehen" tatsächlich Erkenntnisse zeigen könnten, die Altbekanntes ins Wanken bringen, besteht selbstverständlich. Und genau da steigen die meisten wieder aus und flüchten zurück in ihre wohlbekannte Komfortzone, wo sie bereits die alten Ablenkungs- und Kompensationsmechanismen in Empfang nehmen. Zu oft erlebe ich in meinem Praxisalltag, dass ein solcher Fluchtweg mehr Risiken als Chancen birgt, denn echte Lösungen werden nur im tiefsten Leid und Schmerz erkannt. Deshalb biete ich den Menschen zu diesem Thema jeweils die „Idee" des persönlichen Drehbuches an. Diese Sichtweise ist weder neu noch von mir, doch sie zeigt mit pragmatischer Einfachheit eine Logik auf, die jeden in seiner Einzigartigkeit anerkennt. Du magst dein eigenes Sein im Mainstream der uniformen Gesellschaft vielleicht negativ bewerten, doch in deiner Essenz bist du so, wie du bist, vollkommen in Ordnung.

Damit sind wir bereits beim wichtigsten Punkt des Drehbuchs: Jeder Mensch ist individuell einzigartig! Keiner kann und darf sich anmaßen, für den anderen etwas besser zu wissen, zu wollen oder zu tun. Dies gilt für alle Menschen, die an deinem Leben teilhaben – sei es ein Partner oder seien es Kinder, Eltern, Freunde und so weiter.

Gehen wir doch einmal davon aus, dass es mehrere höhere, universelle Gesetzmäßigkeiten oder Ordnungen gibt. Wie das Wort „universell" bereits andeutet, handelt es sich um die feinstoffliche, nicht sichtbare Ebene. Dann stellen wir uns weiter vor, dass unser Geist (unser Bewusstsein, die Essenz) sich entscheidet, aus dieser vollkommenen Ordnung (Bewertungslosigkeit) in die Unvollkommenheit (Polarität und Dualität) der Welt, also in die grobstoffliche Ebene, zu gehen. Diese Essenz hat außerdem entschieden, welche Erfahrungen sie in dieser Welt machen will.

Nehmen wir als Beispiel einmal an, dass deine Essenz sich für die Erfahrung „Vergebung" entschieden hat. Dein Drehbuch trägt nun also den Titel „Vergebung". Um diese „Vergebung" tatsächlich erfahren zu können, brauchst du Menschen, die dich von Anfang an auf verschiedenste Art und Weise das Gegenteil erleben lassen, dich also unentwegt verletzen.

Selbstverständlich brauchst du dafür freiwillige Mitwirkende, die du auf der feinstofflichen Ebene bereits ausgewählt hast. Diese Menschen begegnen dir nun in deinem alltäglichen Leben und begleiten und unterstützen dich dabei, das Prinzip der „Vergebung" durch Herabsetzungen und Verletzungen erfahren zu können. Sie bringen dich immer wieder an deine Grenzen und erinnern dich an deine selbst gewählte Erfahrung.

Der Vielfalt der Drehbuchtitel sind keine Grenzen gesetzt.

Das Prinzip unserer Welt ist die Polarität – und damit die Dualität, was ebenfalls eine universelle Gesetzmäßigkeit ist. Es ist das Prinzip der Gegensätzlichkeit. Ohne Nacht kein Tag, ohne Hass keine Liebe, ohne Verletzung keine Vergebung. Das alles ist nur in der Gegenüberstellung der Polarität erkennbar.

Da sich selten jemand an seine Essenz und sein Drehbuch erinnert, ist es kein Wunder, dass wir eine weitere universelle Gesetzmäßigkeit nicht erkennen können: nämlich das Gesetz der Selbstverleugnung. Die Polarität der grobstofflichen Welt lässt die Gegenüberstellung von Dingen wie in einem Spiegel erscheinen, seitenverkehrt und verdreht. Dieser Umstand führt dazu, dass du dich selbst im Außen als das Gegenteil deiner Essenz wahrnimmst. Heißt dein Drehbuch zum Beispiel „stark", wirst du im spiegelverkehrten Außen alle und alles andere als stark empfinden und dich selbst in der Verdrehung und Selbstverleugnung als „schwach" wahrnehmen. Du kreierst dementsprechend selbst Umstände, Situationen und Verhaltensweisen, die dir dieses Gegenteil der Stärke (die Schwäche) bestätigen sollen. Denn ein weiteres universelles Gesetzt heißt: Du gehst da hinein, was du nicht bist, um zu erkennen, was du bist.

Könnten wir nun davon ausgehen, dass wir unser Drehbuch selbst schreiben? Einigen mag das beschriebene „Prinzip" einleuchten, erklärt es doch so einiges im persönlichen Leben. Für andere ist es schlicht und einfach eine logische Konsequenz. Auch, wenn dein persönliches Drehbuch einzig angelegt, aber nicht festgelegt ist, heißt das nicht, dass du deinen dir entsprechenden Erfahrungen entfliehen kannst, um Unangenehmes oder sogar Schmerzhaftes zu vermeiden. Solange du deine Erfahrungen nicht auch gefühlt, also erfahren hast, werden sie sich immer wieder auf andere Weise zeigen. Oder hattest du noch nie den Eindruck, schon wieder vor einem Problem zu stehen, das du eigentlich längst „verarbeitet" zu haben glaubtest? Vielleicht taucht es plötzlich im Job, anstatt wie sonst üblich in der Beziehung auf. Oder es zeigt sich im Straßenverkehr, anstatt in der noch direkteren Auseinandersetzung mit deinen Vorgesetzten. Wie auch immer, der Hinweis bleibt derselbe: Schau hin und werde dir deiner Haltung (dem Gefühl) dazu bewusst.

Viele Menschen kommen hier an einen weiteren Punkt „of no return", denn so einleuchtend die Sichtweise des Drehbuches sein mag, so einschüchternd kann die Konsequenz sein, dass du für alles, was du tust oder nicht tust, sagst oder nicht sagst, denkst und fühlst, die volle Verantwortung trägst. Keine andere Person im Außen ist für dein Befinden verantwortlich. Diese Personen stellen sich einzig als Auslöser oder Erfüllungsgehilfen zur Verfügung. Dementsprechend müsstest du dich bei jedem, der dich gerade beleidigt oder verletzt hat, bedanken, denn er oder sie hat ja nur den „vereinbarten Job" gemacht.

Um dem Ganzen noch etwas mehr Würze zu verleihen, lassen wir schlussendlich auch noch gleich die Illusion der Zeit auffliegen. Der gestrige Tag, die vergangene Stunde, der Moment, der gerade noch Gegenwart war – Vergangenheit. Die Zeit kann nicht mehr beeinflusst oder gar verändert werden. Dasselbe gilt genauso für die Zukunft, nur dass hier noch der Faktor Hoffnung dazukommt. Da sowohl die Hoffnung als auch die Befürchtung nichts anderes sind als Prägungen aus der Vergangenheit, sind auch diese Emotionen nichts als Illusionen, die im Kopf kreiert und mit einer illusorischen Erwartungshaltung in die Zukunft projiziert werden. Dieser Prozess findet in der Gegenwart statt und entsteht aus der Haltung und Bewertung heraus, die du gegenüber deiner Vergangenheit hast. Man könnte also sagen, dass du wertvolle Zeit der Gegenwart (des viel gerühmten Jetzt) verschwendest, um über etwas zu entscheiden, das noch gar nicht da ist. Doch wirklich leben und erfahren kannst du nur im Jetzt, alles andere ist Illusion, weil es nur in deinem Kopf stattfindet.

- Wie wäre es denn nun, wenn du so, wie du bist, vollkommen in Ordnung wärst?
- Welche täglichen Maßnahmen, Handlungen und kritischen Gedankentiraden würden denn mit einer solch radikalen Haltung einfach wegfallen?
- Wofür hättest du dann mehr Energie, Lust und auch Zeit?

Die Lösung ist immer vor dem Problem da!

Vielleicht kennst du diese Aussage schon. Sie deutet an, dass ein Problem lediglich ein Hinweisschild ist, das dahin zeigt, wo du gerade im Leben stehst. Es weist auf einen Punkt in deinem ganz persönlichen Drehbuch und fordert dich heraus, diesen Bereich nicht nur zu betrachten und zu analysieren, sondern ihn auf emotionaler Ebene zu erleben und „JA" zu ihm zu sagen. Tatsächliche Schwierigkeiten bekommst du erst, wenn du mit der Situation, in der du dich gerade befindest, nicht einverstanden bist und in den Widerstand mit diesem Umstand gehst, also dagegen ankämpfst und „NEIN" dazu sagst.

Wie leicht kreierst du in solchen Fällen tolle Problemgeschichten, die in deinem Kopf zu einem filmreifen, emotionalen Spektakel anwachsen und darauf drängen, in den Alltag projiziert zu werden. Doch sei ehrlich: Wenn im Kino dein echtes, unfrisiertes, alltägliches Leben vorne auf der Leinwand gezeigt würde, wie verdreht und selbstzerstörerisch würdest du dich in der Hauptrolle finden? Sehr wahrscheinlich könntest du aus der Sicht des Kinobesuchers – als im Sessel sitzender Beobachter des eigenen Lebens – deine Sehnsucht nach deiner wahren Essenz, deinem fehlenden Teil, eher wahrnehmen und würdigen. Nur im funktionalen Verstandesalltag scheint dieses innere Ziehen doch meist eher lästig.

Gegen den Verstand ist absolut nichts einzuwenden, wenn es sich um alltägliche, funktionale Lebensbereiche wie Einkaufen, Planen, Arbeiten oder Rechnungenbezahlen dreht. Doch wenn es um die essenzielle Wahrheit deines Wesens geht, kommt der Ich-Verstand leider sehr schnell an seine Grenzen. Diese unbewussten Beschränkungen lösen unmittelbar ein Mangelbewusstsein aus, das wiederum die Suche nach Vollständigkeit initiiert. Wenn dieses unangenehme Gefühl der eigenen Unzulänglichkeit mit Erfüllungen aus dem Außen bekämpft werden soll, nennt man das „Kompensation" und ist als erste Reaktion völlig normal. Erst wenn die Suche nach geeigneten Ablenkungen oder Gefühlsunterdrückungsmitteln bereits in ein Suchtverhalten geführt habt, und damit neuer Schmerz verursacht wurde, kommen irgendwann unsympathische Fragen auf wie: „Was läuft in meinem Leben falsch?"

Wichtig wäre hier, sich selbst zuallererst folgende Frage zu stellen, bevor man im Außen nach vermeintlichen Lösungen sucht:

- ▶ Welche Rolle von mir nimmt Bezug auf was?

Als mögliche Rollen meine ich zum Beispiel diejenige

- des verlassenen oder vernachlässigten Kindes,
- des verwöhnten Kindes,
- des unterdrückten Kindes,
- der Mutter oder des Vaters,
- der/des Leistungsorientierten,
- der/des Geliebten,
- des Bruders/der Schwester,
- der/des Süchtigen,
- der/des Suchenden,
- der/des Bedürftigen,
- der/des Schuldbewussten,
- der/des Unzulänglichen,
- der/des Wertlosen,
- der/des Ungeliebten

und viele mögliche mehr ...

Doch aufgepasst: Wir sind mehr als unsere Rollen!

Und noch etwas: Du musst hier weder etwas verstehen noch diese Sichtweise mit mir teilen. Horch einfach in dich hinein, was sich gerade zeigt, und frage dich anstelle von „warum?" einfach mal „warum nicht?".

Die Beziehung zu dir selbst

Wie eigentlich alles in deinem Leben beginnt auch jede Beziehung bei dir selbst. Um genauer zu sein, beginnt sie mit dir selbst. Alles, was dir begegnet, bringst du in irgendeinen Bezug zu dir. Es gibt also nicht nur die Beziehung zu einem Partner, deiner Familie oder deinem nächsten Umfeld. Nein, alles, was sich dir zeigt, sei es auch noch so kurz und intentionslos, steht in direktem Bezug zu dir. Du stehst also tagtäglich Hunderten von Beziehungen gegenüber und der gemeinsame Nenner darin bist immer du selbst.

- Wie würdest du dich selbst beschreiben?
- Wie ist deine Beziehung zu dir selbst? Wie sieht sie aus?
- Traust du dich, deine Bedürfnisse und Wünsche zu leben?
- Kennst du deine Bedürfnisse und Wünsche überhaupt?
- Wie präsentierst du deine Stärken?
- Bleibst du bei einer Beschreibung von dir bei deinen Schwächen hängen?
- Welchem Du im Außen erlaubst du, dass es dein Ich (Persönlichkeit) formt und dir damit deine Identität gibt?

Kann es sein, dass dir mulmig dabei wird, dir über dich selbst und dein Leben Fragen zu stellen? Vielleicht, weil dir auffällt, dass dir der Bezug zu dir selbst fehlt oder abhanden gekommen ist? In diesem Fall gehörst du zur Mehrheit der Menschheit und bist deshalb völlig normal und absolut in Ordnung.

Nur zu gern sperren sich Menschen gegen Veränderungen – auch, wenn sie noch so gerne und möglichst schnell eine unangenehme Lebenssituation verlassen und loswerden würden. Das Dilemma stellt sich für viele so dar, dass alles, was von genormten Gewohnheiten abweicht, insgeheim Angst auslöst. Und ein Hinterfragen von sich selbst könnte aufzeigen, dass bisherige Verhaltensweisen und Strategien eigentlich gar nicht mehr funktionieren. Die Angst vor dem Unbekannten produziert dann ganz schnell schlimme Konsequenzen, die im Kopf in den herrlichsten Bildern erscheinen.

Das dadurch entstehende Mangelbewusstsein lässt die meisten sich im ersten Reflex doch lieber an eigentlich unbefriedigende Beziehungen, Jobs und Lebensstrategien klammern, zu beängstigend scheint eine Veränderung, die gleichzeitig als Verlust wahrgenommen wird. Ein Sich-selbst-Hinterfragen kann deshalb durchaus den Verdacht schüren, dass sich mit einem genaueren Blick in die erfragte Richtung durchaus etwas verändern könnte. Wo Rauch ist, gibt es meist auch Feuer.

Wie sieht es nun mir dir aus? Bist du bereit, die Zündschnur zu deiner Leidensbombe anzufachen? Dann bist du hier genau richtig! Entspann dich und lass dich einfach auf dich ein. Das Weglauftraining vor dir und deiner eigenen Wahrheit, hinaus in die Konstrukte der äußeren Welt und der Dus, für die du dich vergessen hast, scheint perfektioniert genug zu sein. Gib jetzt deiner Echtheit eine Chance.

Die Suche nach dir selbst

Wie kommt es, dass sich die meisten auf das Du im Außen fokussieren und sich selbst dabei vergessen oder verdrängen? Die Mechanismen sind so schlicht wie ernüchternd zugleich.

Ein unbewusstes Gefühl, von allem getrennt zu sein, auch von deiner Liebe zu dir selbst, ist der tiefste Schmerz, den du fühlen kannst. Dieses Leiden lässt du allerdings nicht zu und versuchst es stattdessen mit allen Mitteln zu vermeiden. So beginnt die unentwegte Suche nach Linderung, was allerdings einzig ein Konstrukt deines Verstandes ist, um dich vom Fühlen abzulenken. Die logische Folge: Du gehst davon aus, dass dir zu deiner Ganzheit etwas fehlt oder dass du etwas gegen diesen Schmerz TUN musst und kannst. Auch verstärkt sich der Glaube, dass du etwas falsch gemacht hast und nun mit diesem Leiden dafür bestraft wirst. Diese Dynamik deutet demnach gänzlich auf Eigenkreation hin.

Was tut sich in dir, wenn ich dir sage,

- dass dieser Schmerz, den du nicht zulässt, ein Phantom ist?
- dass es deine Entscheidung ist, dieses Leiden überhaupt entstehen zu lassen?

... Würde dich das ärgern? Gut so, dann können wir ja weitermachen ...

Warum ist es so schwierig, mit schlechten oder gar schädlichen Angewohnheiten aufzuhören? Das könnte daran liegen, dass es sich bei antrainierten Gewohnheiten um Alibis handelt, um seiner individuellen Wahrheit nicht begegnen zu müssen, da diese als ungenügend und nicht in Ordnung bewertet wird. Kompensationsstrategien müssen deshalb immer wieder mit ausgeklügelten Konzepten ausgetauscht oder ergänzt werden. Vielleicht bist du dir in „schwachen Momenten" sogar im Klaren drüber, dass äußerliche Ersatzbefriedigungen längerfristig nur oberflächliche Linderung bringen. Doch ein „Halt! Stopp!" findet nicht statt. Denn damit müsstest du Eingeständnisse machen und deine angeblichen Unzulänglichkeiten nicht nur anschauen, sondern auch akzeptieren. Da könnte dir allerdings dein Ego einen dicken Strich durch die Rechnung machen. Schließlich hat es den Job, deine „Ich-Verbesserung" in Gang zu halten und verspricht sich einiges an Belohnungen, wenn es dies speziell erfolgreich durchführen kann.

Deine oft triebhafte Suche konnte sich in der Zwischenzeit gemütlich zu einer Sucht entwickeln und wurde damit zur Droge. Dies deshalb, weil du deine äußeren Abhängigkeiten mit Leben verwechselst. Du wünschst dir ein bestimmtes Leben, das du im gleichen Atemzug betrügst, indem du es mit allen möglichen und unmöglichen Strategien zu kontrollieren und damit zu unterdrücken versuchst.

Erkennen kannst du das Ganze, wenn du bei dir zum Beispiel einen Makel oder eine vermeintlich fehlende Eigenschaft feststellst. Du glaubst aber, diese eine Eigenschaft unbedingt zu brauchen, weil du sie im Außen – dort, wo immer bewertet und verglichen wird – bei erfolgreicheren oder „schöneren" Menschen siehst. Doch gerade, weil du sie erkennen kannst, ist sie auch in dir vorhanden, sonst könntest du sie nicht wahrnehmen und als deinen Mangel benennen. Du startest damit eine weitere Selbstverleugnung, indem du behauptest „ich bin nicht ..." – und die unbewusste Suche nach dem fehlenden Teil geht weiter.

Jede Sucht ist der Versuch, das Unkontrollierbare zu kontrollieren. Dieses Vorhaben muss zwangsläufig scheitern. Eine Suche, die zur Sucht wird, kann den größten Teil deines Lebens einnehmen. Es liegt an dir, wie du deine Zeit und Energie aufwenden willst. Ob du in deiner Welt in diesem Körper deine kostbare Zeit damit verbringen willst, gegen deine Essenz anzukämpfen, oder ob du sie zulässt. Indem du dich auf das Außen beziehst, verlierst du die Beziehung zu dir selbst und setzt dabei deine eigene Identität, aber eben auch deine eigene Wahrheit aufs Spiel. Die Frage „Wer bin ich?" ist in dir angelegt und meldet sich deshalb altersunabhängig immer wieder einmal.

- Was hindert dich daran, dich auf dich selbst einzulassen?
- Was ist das Schlimmste, was dir dabei passieren könnte?

Sich selbst zulassen heißt natürlich auch, sich der Welt zuzumuten. Das würde weiter bedeuten, dass du dich als Wirkungsfeld zur Verfügung stellst, mit allem, was in dir angelegt ist und durch dich „wirken" soll. Dass dabei Angst aufkommen kann, die nichts anderes ist als die Angst vor dir selbst und deiner Eigenverantwortung, ist menschlich und völlig normal, denn das „Unbekannte" wird aus existenziellen Gründen vom Verstand fast grundsätzlich mit großem Vorwarnbrimborium als Gefahr angekündigt, bewertet und behandelt.

Nutze die Chance, auch durch dieses Buch, deine Alibis und Kompensationsprogramme etwas genauer anzuschauen. Es gibt dabei nichts zu TUN. Es braucht einzig ein Interesse an dir selbst und die Bereitschaft, den inneren Regungen die gleiche Aufmerksamkeit zu schenken, die du bisher vielleicht nur nach außen gerichtet hast.

Wie wird eine Suche zur Sucht?

Eine Suche beginnt, wenn man das Gefühl hat, dass etwas fehlt oder etwas Bestehendes negativ bewertet wird. Bildlich auf dich bezogen könnte das so aussehen, als stündest du als einziger Apfelbaum mitten in einer Pflaumenbaumplantage und denkst: Ich bin (hier) falsch! Du versuchst deshalb als dieser Apfelbaum, krampfhaft ein Pflaumenbaum zu werden. Dabei gehst du auf die Suche, wie das gehen könnte. Diese scheinbar sehr pragmatische Darstellung wirkt auf Anhieb sicher logisch. In Bezug auf dich und dein Leben scheint sie jedoch viel zu einfach zu sein.

Auch, wenn man vielleicht glauben mag, dass jeder auf seine ganz eigene Weise süchtig ist – nachvollziehbar wird es meist erst, wenn man sich seine Glaubensmuster neutral und ehrlich anschaut.

Bereits in frühester Kindheit wird ein Beziehungsverhalten durch die Eltern-Kind-Beziehung geprägt, was selbstverständlich völlig unbewusst abläuft. Der kleine Mensch übernimmt die Beziehungsmuster, die er aus dem Verhalten seiner Eltern in den ersten Lebensmonaten rein intuitiv wahrgenommen hat. Die Reaktionen seiner Bezugspersonen kann das Kind nur emotional aufnehmen und speichert sie im persönlichen Wertesystem ab. Anhand dessen stellt es dann fest, ob es sich geliebt oder abgelehnt fühlen kann. Können die Bedürfnisse eines Säuglings nach Nähe und Zuwendung aus irgendwelchen Gründen nicht befriedigt werden, speichert er das Ausbleiben als emotionalen Mangel in seinem Selbstwertgefühl ab. Als Folge davon schätzt dieses Kleinkind die Welt fortan so ein, dass wohl „niemals" genügend Fürsorge und Zuwendung da sein kann. Das frühkindliche Erleben findet im Hier und Jetzt statt. Das Zurückgreifen auf Erfahrungswerte ist damit nicht möglich, weshalb dem Kind auch die Sicht auf positivere Ereignisse verwehrt wird. Damit manifestiert sich in der Wahrnehmung des Kleinkindes das Beziehungsverhalten der Eltern. Die daraus gewonnenen positiven und negativen Erfahrungen haben dementsprechende Auswirkungen auf Beziehungen und Partnerschaften im späteren Leben.

Diese Prägungen aus der Kindheit köcheln also in uns und schüren immer wiederkehrende Gefühle und Gedanken, die bei „ich bin nicht gut genug" anfangen, jedoch mit „ich bin nicht schlau oder perfekt genug" nicht aufhören müssen. Solche und ähnliche sich ständig wiederholende Bestätigungen von Unzulänglichkeiten setzen sich im Bewusstsein irgendwann als eigene vermeintliche Wahrheiten fest und lassen demzufolge recht wenige andere

Möglichkeiten zu, über sich selbst zu denken. Und doch ist da immer wieder dieser Funke Hoffnung, dass bitte doch noch mehr in einem drinsteckt – und da ist mehr, sogar sehr viel mehr.

Was ich damit meine, sind die in uns angelegten Potenziale, die uns aus dem Unterbewusstsein immer wieder anstupsen, nach ihnen zu suchen. Und so beginnt die unterschwellige Suche des Lebens, womit nun wohl auch der Ausdruck „Suche nach sich selbst" oder das Wort „Suche" im Allgemeinen eine etwas andere Bedeutung und Dynamik bekommen dürfte. Denn die „Suche" nach sich selbst und der eigenen Wahrheit führt uns zunächst ins Außen. Dort reflektieren wir uns durch die Umwelt, was lange Zeit die einzige Gelegenheit darstellt, sich selbst wahrzunehmen. Dass sich damit meist aber hauptsächlich fremde Identitätswünsche einschmuggeln, scheint vorprogrammiert.

Du siehst diese „falschen" äußeren Identitäten, geprägt von gesellschaftlichen, uniformen Idealen als deine eigenen an und bekommst sie im ersten Augenblick sogar respektabel bestätigt. Erst, wenn du feststellen musst, dass du die antrainierten Erwartungen und Aufgaben nicht zu erfüllen vermagst, wird eine Suche zur Sucht. Schließlich musst du neue, bessere Konzepte finden, um deine vermeintlich fehlgeschlagenen Identitäten auszubessern. Spätestens jetzt gibt es unzählige Möglichkeiten, dein unerfülltes oder fehlerhaftes Finden mit Süchten zu kompensieren, sei es mit Genussmitteln wie Alkohol, Nikotin, Tabletten oder mit anderen stofflichen Drogen, der Ess-Fress-Sucht oder weiteren Ersatzmitteln, die von fehlgeschlagenen Strategien ablenken oder das unangenehme Gefühl einfach dämpfen sollen.

Die unbewusst größte Sucht des Menschen ist jedoch der Beziehungssucht zuzuordnen. Wer seine eigene Persönlichkeit nicht mag oder diese für unzulänglich hält, ist schneller dazu bereit, den Bedürfnissen von außen größeren Wert beizumessen als den eigenen. Dies allerdings hinterlässt eine Haltung der Bedürftigkeit, da die Verantwortung zur Befriedigung der eigenen Begierden an andere abgegeben wurde. **Emotionale Abhängigkeit ist das Resultat.** Da ein anderer kaum eine Chance hat, diese ausreichend zu „befriedigen", können sich daraus nicht selten Süchte wie Arbeitssucht, Alkohol- und Drogensucht, Sexsucht und viele mehr entwickeln. Ich gehe in späteren Fallbeispielen (Seite 96 ff) näher auf die Suchtthematik ein.

Die in den Anfängen noch unbewusste Suche nach der eigenen Wahrheit schürt die eigentliche Sehnsucht, die einen ein Leben lang antreiben kann – Trieb-Kraft. Dieses Sehnen meint aber die Sehnsucht nach sich selbst und den fast schon geheimen Herzenswunsch, „vollkommen" zu sein. Meistens ist es dann ein Partner, der diese Sehn-sucht stillen und den fehlenden Teil ausfüllen soll. Dieser Partner lässt sich tatsächlich finden, denn auf der feinstofflichen Ebene wird er unbewusst angezogen. Die Erfahrungen werden dann über ihn ausgelebt, was die emotionale Abhängigkeit zunehmend ausbaut. Die bedürftige Haltung zu sich und dem Partner kann auch deshalb nicht durchbrochen werden. Außerdem muss die Selbstverleugnung von „ich bin nicht gut/stark/schlau/usw." immer wieder bestätigt und aufrechterhalten werden.

Hinweise zur UMA LIVE-Praxis

Um die Gesetzmäßigkeiten, Zellinformationen und Konditionierungen anschaulicher aufzuzeigen, habe ich verschiedene authentische Lebensbeispiele eingearbeitet. Diese sind zum Teil von meinen Klienten geschrieben worden und wurden von mir wortwörtlich übernommen. Andere Geschichten habe ich nacherzählt. Meine Kommentare dazu sind in der Regel fragmentarisch, das heißt genauso, wie sie ein Klient in meiner Praxis erhalten würde.

Die Menschen, die mir ihre Geschichten bewusst zur Verfügung gestellt haben, wollen dazu beitragen, Unbewusstes aufzudecken. Sie erlebten selbst, wie sich die Angst vor dem „Unbekannten" auf das Leben und seine Qualität auswirken kann. Durch ihre eigenen Erfahrungen – zum Teil in der Arbeit im Remember-Prozess® oder bei Einzelsitzungen – haben sie erkannt, dass es sich lohnt, Selbsterkenntnisprozesse durchzustehen und zu er-fühlen.

Die zitierten Fallbeispiele beruhen auf authentischen Erfahrungen konkreter Personen. Zum Schutz der Persönlichkeit sind die Identifikationsmerkmale (Alter oder Namen) verändert. Die Klienten sind mit der Veröffentlichung einverstanden.

In der Vielfalt dieser authentischen Beispiele kannst du, wenn du möchtest, dir deine eigenen unbewussten Muster anschauen. Wer weiß, vielleicht erwischt dich dabei der Aha-Reflex: „Das kenne ich doch irgendwoher?"

UMA LIVE-Praxis

Weiblich, 46

Ablenkung vom Finden ...

Bin ich wirklich nur am Suchen interessiert und gar nicht am Finden? Ist die Lust am Suchen tatsächlich so viel größer? Oder habe ich lediglich Angst vor dem, was gefunden werden könnte? Alles Fragen, die eigentlich nur auf die Erkenntnis folgen, dass ich eine Finderin sein will und die Suchende eher als erbärmliches Opfer empfinde ... Vor Jahren hätte ich mich noch an der „Angst zu finden" festgebissen. Heute muss ich mir eingestehen, dass ich eine süchtige Suchende bin, die kein Interesse am Finden hat ... oder vielleicht doch? Nur blöd, dass die Lust am Suchkonzept, mit all seinen schönen Ablenkungen in Form von Geschichten, Illusionen, Wunschbildern und „Drogen", mittlerweile nicht mehr so schön befriedigt ... Was nun? Ein neues Konzept muss her, nur welches?

Grundsätzlich geht es ja darum, dass ich fühle und spüre, dass ich bin. Diese Sehnsucht nach diesem einen Gefühl, „die Summe aller jemals gelebten Momente zu sein", mit all den Möglichkeiten der Momente, die folgen. So ähnlich könnte man es beschreiben. Nur, dass eben dieser perfekte Moment, dieses geniale Gefühl, bitteschön für immer anhalten soll. Was ich dafür bereit bin zu tun? Nun ja, in der ersten Zeit werde ich wohl mit aller Kraft alle anderen unangenehmen und unerwünschten Gefühle/Momente zu vermeiden versuchen. Um dann viel später herauszufinden, dass einzig und allein meine ungeliebte, unperfekte Ego-Persönlichkeit mich genau an einen solchen Moment heranführen kann und nur mein Ego-Verstand, mit all den menschlichen Facetten, mich überhaupt „DEN Moment" wahrnehmen lässt.

Klingt alles doch sehr anstrengend und leichter Zweifel kommt auf, ob ich mit diesem ergebnisorientierten Konzept „DEN Moment" nicht eher verpasse, geschweige denn, ob ich ihn auf diese Wiese herbeiführen oder auskosten kann. Und genau an diesem Punkt der Einsicht taucht plötzlich der Spruch auf: „... und es geschieht trotzdem." Doch wäre das nicht zu einfach? Einfach das Suchen aufgeben und zulassen, was da ist? Was ist, wenn die ganzen analytischen Streitereien in meinem Kopf einzig als Alibis dienen, die Angst vor dem Finden zu schüren? Was ist, wenn mir das, was ich finde, gar nicht gefällt?

UMA:
Die Suche/Sehnsucht des einsamen Apfelbaumes nach sich selbst, in der Pflaumenbaumplantage ...

„Das System“ Partnerbeziehung 3

Niemand ist von Anfang an beziehungsfähig, wie du bereits im Kapitel „Beziehung zu dir selbst“ gesehen hast. Nicht anders ist es deshalb in der Partnerbeziehung. Hier kommen einfach noch ein paar weitere Unsicherheitsfaktoren hinzu, die sich bereits bei der Partnersuche, meist unbewusst, einmischen. Was sind denn aber nun die hintergründigen Motive für eine Paarbeziehung?

Mit einer Partnerbeziehung strebt man eine Vervollkommnung der eigenen Persönlichkeit an. Es ist deshalb nicht weiter erstaunlich, dass dazu ein Partner ausgewählt wird, der genau die Eigenschaften besitzt, die man bei sich selbst zu vermissen scheint. Der Glaube, dass einem gewisse Aspekte fehlen, kommt daher, dass man dieses Fehlende in sich unbewusst bewertet. Dass aber genau diese abgelehnten Anteile im anderen kaum oder nur sehr schwer akzeptiert werden können, führt meist zu den dramatischen Erfahrungsberichten in der Partner-Beziehungs-Disziplin.

Das eigentliche, wenn auch unbewusste Vorhaben ist jedoch, über die Beziehung eben genau diese abgelehnten Anteile in der Projektion durch den Partner zu erleben und zu erfahren. In derartig gelagerten Partnerschaften sind Schwierigkeiten vorprogrammiert. Sich in solchen Fällen zu trennen, liegt nahe, löst jedoch den inneren Konflikt nicht auf. Mit größter Wahrscheinlichkeit ruft der nächste Partner das gleiche alte Muster hervor, das sich dann in nur leicht veränderter Version darstellt. Das alte Schema einer leidvollen Beziehung geht so lange weiter, bis kein anderer Mensch dafür herhalten muss, die eigenen unterdrückten Persönlichkeitsanteile stellvertretend auszuleben.

Eine wichtige Voraussetzung in diesem eigenen Erkenntnisprozess ist allerdings das Interesse an der individuellen Wahrheit. Für diese Erkenntnis sind die beschriebenen Beziehungsprozesse notwendige Schritte. Es geht dabei nur um eins: vollkommene Offenheit auf allen Ebenen, total ehrliche Kommunikation und die Bereitschaft zu wachsen. Zusammengefasst bedeutet das:

Versuche nicht, mich glücklich zu machen, sondern zeige mir, wer du wirklich bist ..., dann kann auch ich erkennen, wer ich wirklich bin.

Es ist deshalb gar nicht verkehrt, sich einmal über erste Grundsatzfragen klar zu werden:

- Was bedeutet Partnerschaft für dich?
- Was ist für dich der Sinn einer Partnerschaft?
- Wie sehen deine Bedürfnisse aus, die von einem Partner befriedigt werden sollen?

Partnerbeziehungen sind als solches sehr wichtige Meilensteine für die persönliche Entwicklung. Gerade die Spannungsfelder der Geschlechtlichkeit und speziell die leidvollen Beziehungsgeschichten sind hilfreiche Pfeiler, wenn es darum geht, sich selbst kennenzulernen. Falls ich mit dieser Aussage in dir einen Aufschrei der Entrüstung entlockt haben sollte, gehörst du wahrscheinlich zu denjenigen, die in einer Beziehung die Harmonie als höchsten Wert anstreben – oder ist das Ganze bereits in eine Harmoniesucht ausgeartet? Schau da doch mal genauer hin, denn gerade Partnerbeziehungen mit einem romantischen Harmoniegrundbedürfnis entpuppen sich sehr oft als besonders qualvoll. Du wirst gleich sehen, was ich damit meine.

Unbewusst entstehen Partnerbeziehungen immer durch Mangeldenken. Dabei handelt es sich bei diesem scheinbaren Grundmangel eigentlich nur um die gegensätzliche Anziehung von männlicher und weiblicher Energie. Archetypisch wird das Weibliche als passiv, das Männliche im Gegenzug als aktives Prinzip dargestellt (weitere Charakteristiken folgen im nächsten Kapitel). Diese beiden Charakterisierungen bestehen auch in uns zu unterschiedlichen Anteilen. Wird nun die „Aufteilung" des männlichen oder weiblichen Anteils als fehlerhaft beurteilt, gehen nicht wenige nur deshalb eine Beziehung ein, um das vermeintliche „Missverhältnis" auszugleichen. So wird auch das Wort „Liebe" oft als Ausdruck verwendet, wenn man glaubt, im anderen Menschen die Ergänzung zur eigenen inneren Polarität gefunden zu haben.

Weibliche und männliche Aspekte auf dem Prüfstand

Auf der Suche nach einem Partner werden wir unbewusst und teilweise auch bewusst mit „alten" Prägungen konfrontiert. Aus diesem Grund bat ich die Teilnehmer eines Workshops („Radikale Selbsterkenntnis"), sowohl positive als auch negativ besetzte Aspekte über die eigene Geschlechtlichkeit und die des Partners aufzuschreiben. Der Hintergrund war, ihnen ihre eigenen Konditionierungen über das Männliche und das Weibliche aufzuzeigen. Folgendes kam dabei zum Vorschein:

Weibliche Aspekte negativ besetzt

Emotional, manipulativ sich selbst oder anderen gegenüber, launisch, jammernd, fordernd, undankbar, unsicher, abhängig, zu stark, belastbar, schwach, selbstständig, diskutierfreudig, ängstlich, vergleichend, bewertend, verführen, zickig, Kinder unterjubeln, intrigant, mütterlich, faul, moralisch, hurerisch, durchsetzen, diverse Seitensprünge, subtil ergeben, verdeckte Machtmanipulation, verlogen, so tun als ob, passiv, leidend.

Weibliche Aspekte positiv besetzt

Liebevoll, herzlich, geheimnisvoll, einfühlend, verzichtend, verbindend, soziale Kompetenz, gebärend, gehorchend, aufopfernd, durchhaltend, zusammenhaltend, ideengebend, geduldig, erziehend, stärkend, Wille, Mütterlichkeit, weiß, was sie will, ehrlich, versorgend, pflegend, schlichtend, präsentieren, heilig, hurerisch, still, hinterfragend, mitdenkend, stark, spontan, offen, überblickend, spielerisch, verführerisch, initiativ, weinen, tiefsinnig.

Männliche Aspekte negativ besetzt

Sexistisch, primitiv, egoistisch, geldgierig, wortkarg, untreu, karrieresüchtig, biertrinkend, arrogant, ungeduldig, angeberisch, davonlaufend, schwach, entscheidungsunfähig, saufen, desinteressiert, dominant, impotent, besserwisserisch, angeberisch, emotionslos, Lügner, jammernd, unterordnend, feige, schwätzerisch, stoisch, antriebslos, ignorant, Macho, oberflächlich, einfach, nicht allein sein können, denkend, befehlend, Vielweiberei, mächtig, dogmatisch, schwitzend, betrunken.

Männliche Aspekte positiv besetzt

Analytisch, übersichtlich, pragmatisch, logisch, stabil, zielorientiert, kräftig, verständnisvoll, leidenschaftlich, sportlich, fürsorglich, rational, technisch begabt, ausdauernd, kämpferisch, kompetent, verteidigend, beschützend, versorgend, emotional unabhängig, handelnd, intellektuell belastbar.

Erstaunlich ist bei diesen Auflistungen, dass negativ besetzte

Eigenschaften durchaus auch im positiven Empfindungsbereich auftauchen können. Klar, dass ein Mann das Hurerische durchaus auch als positiv empfinden kann (solange es sich nicht um die eigene Frau handelt).

Breits Carl Gustav Jung (1875 – 1961) wies darauf hin, dass jeder Mensch zweigeschlechtlich angelegt ist, also sowohl männliche als auch weibliche Eigenschaften in sich trägt. Er versinnbildlichte diese Doppelveranlagung des Menschen durch die Begriffe „Animus" und „Anima", welche jeden Bereich des menschlichen Lebens und Erlebens durchziehen.

„Anima" steht dabei für das Weibliche im Unbewussten des Mannes: Stimmungen, Gefühle, Ahnungen, Liebesfähigkeit, Natursinn, Empfänglichkeit für das Irrationale. „Animus" steht als Gegenstück für den Mann im Inneren der Frau: Aggression, Triebhaftigkeit, Mut, Risikobereitschaft, geistige Selbstständigkeit, Innovation.

Jung betonte dazu, dass alle Eigenschaften „positiv" wie „negativ" besetzt sein können. Menschen, welche jedoch gewisse Persönlichkeitsanteile in sich nicht akzeptieren, werden nicht zu reifen Persönlichkeiten, sondern projizieren das, was sie nicht leben, auf ihre Umgebung. Seine Theorie war deshalb: In dem Maße, in dem sich Menschen mit sich selbst, ihren männlichen und weiblichen Anteilen, versöhnen, versöhnen sie sich auch mit ihrer Umwelt.

In der Weisheitslehre werden dem archetypischen Weiblichen die persönlichen Wesenszüge zugesprochen, die mit Gefühlen, mit Bedürfnissen und mit Hingabe zu tun haben. Wesenszüge also, die eher die passive Seite des Menschen beschreiben. Dem archetypisch Männlichen werden die aktiven Persönlichkeitsanteile zugeschrieben, also der Drang zur Triebbefriedigung, die

Art, wie man das Leben in die Hand nimmt, und auch die Art, wie man sich im Leben durchzusetzen vermag.

Ich möchte gar nicht auf einzelne Aspekte eingehen, die jeweiligen Aufstellungen sprechen für sich und führen mitunter sehr emotionale Selbsterfahrungswerte an. Mir geht es einzig darum, dich zu sensibilisieren, diese geschlechtlichen Rollenstereotypen für dich zu hinterfragen. Mach dir einfach klar, dass du ganz allein für dich ein Verständnis von Männlichkeit und Weiblichkeit haben darfst.

Dem gegenüber steht der seit jeher herrschende Geschlechterkampf. Was sich das weibliche Geschlecht durch die Jahrhunderte in Frauenbewegungen an Selbstbewusstsein erkämpft habt, verloren die Männer. Diese stehen heute einer tiefen Verunsicherung gegenüber, was das männliche Selbstverständnis angeht. Die Emanzipation hat demnach bei männlichen Qualitäten Halt gemacht. Jungen werden durch die Erziehung von sogenannten „emanzipierten Frauen" weder zum Macho noch zum Softie. Da diese „festen Entwürfe" auch dadurch wegfallen, sieht sich der Mann heute gezwungen, sich selbst und seine Männlichkeit neu zu definieren. Hinzu kommt, dass Experten festgestellt haben wollen, dass es um die Gesundheit der heutigen Männer und Jungen schlechter bestellt ist als um die von Frauen und Mädchen.

Frauen hingegen sehen sich dem Phänomen „Genderforschung" ausgesetzt. Hier werden vom Staat Psychologinnen beauftragt, die Quoten- bzw. die Gleichstellungskampagne – in der freien Wirtschaft, in der Armee, aber auch im Alltag – wissenschaftlich zu untermauern und damit durchzusetzen. Durch solche sogenannten „Aufklärungskampagnen" – die übrigens Millionen kosten – soll das „hilfsbedürftige Geschlecht" gefördert werden. Doch wollen das die Frauen? Fühlen sie sich tatsächlich so hilfsbedürftig und diskriminiert? Welche Kompensationen arbeiten hier auf höchsten Ebenen – Macht und Ohnmacht?

Das Partnersuchbild

In meinem ersten Buch habe ich darauf hingewiesen, dass die Frau sich ihren Partner unbewusst nach dem Versorgungsprinzip auswählt, und dass der Mann seine Partnerin nach der sexuellen Verfügbarkeit sucht. In einem späteren Interview wurde ich von einem Journalisten auch auf diesen Punkt angesprochen. Er fragte mich, ob diese Aussagen nicht sehr veraltete Klischeevorstellungen seien. Meine damalige Antwort unterschreibe ich auch heute noch.

Es mag sich nach alten Klischees anhören, doch Altes ist nicht immer überholt. Wir sprechen hier von kollektiven Prägungen, die durch Jahrhunderte als Zellinformation in den Schaltkreisen unserer Gehirne gespeichert sind. Diese Informationen werden zwar in ihrem Ausdruck immer wieder modifiziert, aber das Spannungsfeld zwischen männlich und weiblich bleibt bestehen, solange es Wesen gibt. Auch die widersprüchliche Genderbewegung scheitert letztendlich an genau dieser Gesetzmäßigkeit.

Es ist nur natürlich, dass das Weibliche zum Männlichen und das Männliche zum Weiblichen strebt. Ich glaube, das bleibt weiter unbestritten. Aus dieser Perspektive entsteht die „Suche" in der Beziehung. Da das Männliche in der Geschichte der Menschheit für die Jagd, die Aktivität und die Versorgung mit den notwendigen Ressourcen steht und die Frau als gebärendes Prinzip für die Brut und die Aufzucht der Kinder, sind die Suchkriterien auch in der Partnerschaft eindeutig vergeben. Die unbewusste Suche der Frau, eben durch das Mutterprinzip begründet, ist also auf Sicherheit und Versorgung durch den Mann ausgerichtet. Durch seine Leistung ist das unbewusste Suchprinzip des Mannes nun logischerweise auf sexuelle Verfügbarkeit angelegt. Die Entwicklung des menschlichen Bewusstseins ändert aber nichts an dieser evolutionären Gesetzmäßigkeit, sondern drückt sich immer wieder, halt einfach abgewandelt, aus. In meiner Praxis werde ich tagtäglich mit diesen Wirkkräften konfrontiert. Männer wie Frauen stimmen ihnen uneingeschränkt zu, wenn sie sich in ihrer Diskretion sicher fühlen.

Auf der Suche nach Liebe und Verschmelzung entsteht also sowohl ein unbewusstes als auch mehrheitlich bewusstes Suchbild für den passenden Partner, auch wenn dies aus romantischen Gründen vielleicht nicht gerne zugegeben wird. Hier kommen dann Fragen auf wie:

- Wie soll er/sie sein?
- Was soll er/sie haben?
- Was soll er/sie mir geben?
- Was erwarte ich von ihm/ihr?

Die Motivation, den fehlenden Teil im geschlechtlichen Spannungsfeld des Gegenpols zu suchen, führt automatisch ins Verbessern-Wollen bzw. -Müssen. Die erwähnten Projektionen und daraus entstehenden Kompensationen ziehen unsere Aufmerksamkeit immer mehr von uns selbst ab und lassen uns schlafwandelnd im Außen nach etwas suchen, das eigentlich nur in uns selbst gefunden werden kann. Die viel gesuchte (wahre) Liebe kann demnach nur entstehen, wenn das Gefühl von Trennung und Unterscheidung wegfällt. Wenn keine Fragen und Erwartungen mehr bestehen und die Einsicht wächst, dass alles, so, wie es ist, in Ordnung ist, mit sich selbst oder eben mit dem Partner. Denn mit einem latenten Gefühl des Mangels bleibt es bei Liebesbedürftigkeit. Liebe entsteht also erst, wenn kein Mangel mehr vorhanden ist.

Im unbewussten Partnerjahrmarkt treffen aber wohl eher zwei Persönlichkeiten/Egos mit ihren beiden Emotionalkörpern aufeinander, die nach Linderung der Schmerzen suchen – zu dumm nur, dass das tief sitzende Trennungsgefühl die Schuld und Scham gleich mit auf den Plan ruft. Ausgelöst durch die eigene Selbstverleugnung von: „Ich bin nicht in Ordnung. Ich bin nicht beziehungsfähig. Ich bin nicht liebenswert.“ Wenn du dir dein verdrehtes Selbstbild einmal anschaust und dir der Mechanismen klar wird, hast du die Chance, sehr viel über dich zu erfahren, und kannst damit den ganzen Liebeszirkus unverkrampfter erleben. Denn du bist vollkommen in Ordnung, genau so, wie du jetzt gerade bist.

Diese Sichtweise wirkt sehr entlastend, um im selben Atemzug erneute, unbewusste Schuldgefühle zu entfachen. Hier begegnen wir einer typischen „Abwärtsspirale“. Doch es liegt an dir, wann du dem Leiden ein Ende setzen und die Spirale bewusst als Botschaft anerkennen willst. Das ist kein einfacher Weg und schon gar kein Wellnessprogramm, denn es erfordert deinen Mut und Einsatz. Ein tiefes Verständnis der Beziehungsdynamik ermöglicht wiederum, dass Widerstände als Lösungswege erkannt werden. Damit wird das eigene Erkennen im Partner zu einem spannenden Abenteuer.

Grundsätzlich kann die Partnerschaft als hervorragende Herausforderung dienen, wenn es darum geht herauszufinden, wer du wirklich bist. Denn wirkliche Liebesfähigkeit entsteht nur, wenn du weißt, wer du bist. Der Weg dahin? Da brauchen wir uns nichts vorzumachen: Um das herauszufinden, braucht es wohl mehrere Partner, denn jede Partnerschaft bringt ständig Neues und wenn du den Partner als Herausforderer statt als Harmonieträger und

Versicherung für dein Lebensverhinderungsprogramm nehmen kannst, ist dein Selbsterkenntnisprozess auf bewusste Weise eingeläutet. Allerdings muss dabei für beide Partner Raum geschaffen werden, damit sich beide, gemäß dem eigenen individuellen Sosein, entwickeln können.

Hier kommen natürlich schnell die Fragen auf:

- Bist du darauf aus, dass du zu einem Partner passt?
  Oder:
- Schaust du darauf, dass der Partner zu dir passt?

Wie gelangst du denn nun zu einem gesunden Selbstwert, der fragt: „Passt der Partner zu mir?" Voraussetzung dazu sind ganz klar Authentizität und Echtheit. Wer sich verbiegt, ist scheinheilig, und wer etwas anderes als seine Wahrheit vorgibt, bekommt etwas, das er nicht braucht! Es bleibt dann bei der Reflexion der Masken, was unweigerlich in Machtkämpfen endet.

Wenn du etwas vorgibst, was oder wer du nicht bist, bekommst du etwas, das du nicht brauchst!

Wie soll der Partner sein? – Traum und Wirklichkeit

Bei der Frage, wie der Partner sein soll, darf das innere Bild (dein Traum) und das äußere Bild (die Realität) nicht vergessen werden. Beide Bilder wollen wie alles Getrennte grundsätzlich zusammengeführt werden. Spätestens nach der anfänglichen Phase der Verliebtheit erkennst du, dass die Bilder oft nicht mehr übereinstimmen.

In der ersten Verliebtheit bist du eher bereit, nicht zu werten. Du nimmst zunächst alles hin, was sich dir von deinem Partner zeigt. Doch meist überlebt dieses Verhalten nur die anfängliche hormonelle Euphorie. Wenn du dann wieder im Alltag aufgeschlagen bist, regen sich die ersten Versuche, dein Gegenüber verändern zu wollen. Das Bild, das du dir von der Beziehung gemacht hast, soll schließlich aufrechterhalten bleiben. Kontrolle und Manipulation setzen ein, um die „Realität" deinen Vorstellungen anzugleichen.

Wie du dir denken kannst, ist dieses anstrengende Vorhaben zum Scheitern verurteilt. So wie jeder Versuch, Illusionen aufrechterhalten zu wollen, irgendwann scheitern muss. Hältst du dennoch am Plan der „Bildanpassung" fest, können die Konsequenzen verheerend sein. Denn damit enthältst du dir und der Welt, sowie dem Partner, deine ganz eigene Essenz vor, statt sie ihnen zuzumuten und damit zur Verfügung zu stellen. Was du nicht lebst, kann dich in deinem Leben behindern. Das, was in dir steckt, will sich ausdrücken und will erfahren werden, ob es dir passt oder nicht. Es spielt dabei tatsächlich keine Rolle, ob du mitmachst oder in den Widerstand gehst. Du kannst deinem Drama und dem damit verbundenen Schmerz einzig zuvorkommen, indem du dich dir selbst und deiner essenziellen Wahrheit stellst und dich mit ihr aussöhnst.

- Welche Erkenntnisse hast du über dich?
- Bist du bereit, deiner Wahrheit zu begegnen?

Auch bei dem inneren und äußeren Bild – das du dir vom Partner und der Beziehung unbewusst erschaffen hast – geht es nur darum, dass du die Bilder erkennst, wertfrei akzeptierst und damit beide als Gesamtbild zulässt. Denn du suchst im Außen nach einem festen Bild, das dem Inneren nie ganz entsprechen kann. Damit kann auch die Beziehung nicht mehr als Spiegel für deine persönliche Weiterentwicklung eingesetzt werden. Du beraubst dich also eines hervorragenden Mentors, der die Erfüllung deines Lebensdrehbuchs unterstützen könnte. Ohne Akzeptanz deiner eigenen Wahrheit wird eine Partnerschaft ohne Erwartungen schwer möglich sein. Schlimmer noch! Du machst den Partner dafür verantwortlich, dass er dein inneres Bild nicht erfüllt, und setzt ihn damit in die Schuld, dass du nicht glücklich und zufrieden bist. Tatsächlich machst du ihn für deine eigene Unwahrheit verantwortlich. Hier kommt dann meist der Punkt, wo du feststellst, dass „du diesen Menschen einfach nicht mehr richtig lieben kannst". Deine Hoffnung und die Realität der anfänglichen Illusion, die durch die Selbsttäuschung während der ersten Verliebtheit gestärkt war, haben sich nicht erfüllt.

Stell dir hier bitte einmal folgende Fragen:

- Welches innere Bild von dir verdrängst du?
- Was ist der Ursprung dieser Verdrängung?
- Kannst du akzeptieren, dass dein Partner „nur" Spiegel von dir ist?

Ohne ehrliche Reflexion über solche Fragen bleibst du abhängig vom äußeren Bild. Da noch viele „Neins" zu dir selbst in dir herrschen, sitzt du immer wieder Illusionen und falschen Vorstellungen auf. Hier entsteht dann auch die Suche nach einem Traumpartner. Eine Ausrichtung an einen äußeren Idealpartner setzt allerdings nicht nur die totale Abhängigkeit, sondern auch die damit verbundene Bedürftigkeit in Gang. Doch wärst du gerne mit einem bedürftigen und damit wahrscheinlich klammernden Menschen zusammen? Einem Menschen, der sich mit einer falsch verstandenen Hingabe an einen äußeren Traum fast absichtlich tiefen Verletzung und Ent-täuschungen aussetzt?

In einem solchen Mangelbewusstsein eingeschlossen, unterwirft man sich dem Ego und schlussendlich den Erwartungen eines anderen Menschen. Auf dieser Verstandesebene können sich zwei Menschen eigentlich nur begegnen, indem der eine Bedingungen stellt und der andere eifrig damit beschäftigt ist, seine Selbstoptimierung für die Partnerschaft (v)erbittert und unentwegt verbessern will.

- Wem übergibst du die Erlaubnis, deine Identität zu bestimmen?

Nur im Bewusstsein, dass du so, wie du bist, vollkommen in Ordnung bist, gibt es kein Empfinden von Mangel und kein Bedürfnis nach Verbesserung. Diese innere Haltung (Souveränität) stellt deshalb auch keine Bedingungen und kann den Partner genau so sein lassen, wie er ist. Das ist eine vollkommen andere Bedürfnisebene, die Ebene der Sehnsucht nach sich selbst. Aus dieser Sicht ist der Partner ein Erfüllungsgehilfe, wenn es darum geht zu lernen, dass man aus der Unabhängigkeit des eigenen Herzens aktiv und ohne Bedingungen leben und lieben kann. Auf diese Weise reflektiere und zeige ich meinem Partner, dass er sich selbst erfüllen kann, ohne von mir abhängig zu sein. Das ist Liebe ohne Angst und Mangel. **Liebe bedeutet: Leben ohne Angst!**

Die Paarbeziehung ist also dafür da, die Beziehung zu dir selbst weiter auf- und auszubauen. So unromantisch wie ich jetzt wieder klingen mag: Eine Partnerbeziehung ist nicht dazu da, Harmonie in dein Leben zu bringen. Sie dient als bedeutende Herausforderung, damit du dich laufend dir selbst bewusster wirst. Sie lässt dich dich selbst erkennen. Intimität ist also nichts für Angsthasen und mit Intimität meine ich diejenige zu dir selbst. **Es geht um die Differenzierung statt Distanzierung oder Verschmelzung in der Partnerschaft.**

▶ Was also suchst und brauchst du wirklich in einer Partnerbeziehung?

Generell gilt es zu akzeptieren, dass Frau und Mann verschieden sind und damit auch das Erleben und Fühlen unterschiedlich abläuft. Da helfen weder selbst ernannte „Übersetzer", Wörterbücher oder sonstige Gebrauchsanweisungen für das andere Geschlecht. Eine Frau kann in bestimmten Themen eine andere Frau besser verstehen als ihren langjährigen Partner. Genauso verhält es sich mit den Anliegen des Mannes, der bei einem anderen Mann wahrscheinlich klarere Worte finden wird als bei seiner Partnerin. Doch das Wesentliche in einer Partnerschaft sind nicht die möglichen Unstimmigkeiten, Dramen und Leidensgeschichten, sondern der Umgang damit.

Grundlagen einer Beziehungskultur, die als Leitplanken sehr dienlich sein können:

- die eigene Befindlichkeit reflektieren: „Wer bin ich?"
- erst fühlen, dann handeln
- sich offen mitteilen ohne Wenn und Aber
- Mut zu klaren An- und Aussagen haben
- das Zuhören lernen, ohne Druck auszuüben
- die eigene Wesensart sowie die des Partners akzeptieren

Gegner oder Partner?

Frage dich einmal, was passieren würde, wenn du Folgendes akzeptieren könntest:

... dass auch dein Partner sein eigenes individuelles Drehbuch und seine eigene Essenz hat.

... dass Liebe und Freiheit zwei gleichberechtigte Grundbedürfnisse jedes Menschen sind.
... dass es in der Familie keine Vorbilder für gelebte Sexualität gibt.
... dass auch deinen Partner Muster, Konditionierungen und das Beziehungsverhalten der Kindheit prägen.

Die meisten Menschen sind damit beschäftigt, was für sie am profitabelsten ist oder wodurch sie am wenigsten verlieren. Wenn ein Leben unter dem Gesichtspunkt der Schadensbegrenzung oder des optimalen Vorteils abläuft, wird sein wahrer Nutzen vertan und Chancen werden vergeben. Denn ein solches Leben wird von Angst und Mangel bestimmt. Wer denkt, dass es etwas zu gewinnen oder zu verlieren gibt, begibt sich automatisch in einen Wett- oder Machtkampf, um nicht zu unterliegen.

Die Angst davor, das zu sein, was du wirklich bist, wird daraus angeheizt, dass du keine Vorstellung davon hast, was du sein sollst. Vom Sein-„Dürfen" einmal ganz abgesehen. Es geht dabei nicht einmal mehr um das Männliche oder das Weibliche, sondern um die Bilder und Vorstellungen von außen – die auch durch die Medien geboten werden – und den dort vermittelten und zelebrierten Zeitgeist und um das, was gerade angesagt ist. Der „Prinz" und das „Schneewittchen" werden hochstilisiert, wobei der Mann zum Beispiel ein harter Bursche sein muss. Wenn er in der heutigen Zeit dennoch wagt, seine weibliche Seite zu zeigen, kommt er aus der Gay-Schublade wohl so schnell nicht mehr raus. Frauen werden dagegen oft und gerne als Emanze abgestempelt, wenn sie versuchen, in der Wirtschaft „ihren Mann" zu stehen. Auch deshalb investieren viele Frauen einen Großteil ihrer Energie auf ihr Äußeres, was im äußersten Fall auf dem OP-Tisch einer anerkannten Schönheitsklinik enden kann.

Dies muss irgendwo Druck und letztendlich Feindseligkeiten – hauptsächlich gegen sich selbst – erzeugen. Hervorgerufen aus einem Konkurrenzverhalten mit dem eigenen Geschlecht. Diese Werte können durchaus so bestimmend wirken, dass sich viele aus Angst den Maßstäben der Gesellschaft unterwerfen, weil sie sich nicht für begehrenswert und wertvoll genug halten. Auch ein Partner wird dadurch zu einem Gegner, der unter Kontrolle gehalten werden muss. Und so kämpft jeder mit allen zur Verfügung stehenden Mitteln. **So wie wir das ablehnen, was wir sind, so wollen wir zu dem werden, was wir glauben, sein zu müssen.** Damit lieben und respektieren wir auch den anderen nicht, wie er ist, sondern nur die Vorstellung davon, wie er sein sollte.

Dies prädestiniert uns zu Kriegern in Schlammschlachten. Je heftiger wir im Schlamm oder im Sumpf um uns schlagen, umso sicherer versinken wir. Wir klagen den anderen an, weil er uns nicht das gibt, was unsere Probleme lösen würde. Wir manipulieren am anderen und können letztendlich nicht fassen, dass wir immer wieder auf uns selbst zurückgeworfen werden. In puncto Beziehung sind wir also so etwas wie ein neugeborenes Baby vor einem Spiegel, das sich selbst noch nicht richtig wahrnehmen kann.

In der Eigenakzeptanz liegt die größte Kraft der Gegensatzvereinigung. Auch unser eigenes inneres Paar könnte damit den Kampf einstellen, womit Energie frei würde, die vorher für Konflikte und Frustration verbraucht wurde. Wir würden menschlicher, authentischer und beziehungsfähiger, weil die bisherigen Spielchen und Machtkämpfe überflüssig werden. Der Widerstand in Person des Partners fördert diesen Prozess. Er hält uns den Spiegel vor, in dem wir uns oft schmerzlich erkennen, uns manchmal kaum aushalten. Das Auftauchen des Widerstandes zeigt uns immer, dass ein Problem zur „Er-lösung" gebracht werden will.

Der Ausstieg aus emotionalen Beziehungstragödien kann gelingen, wenn das Anstrengende und Mühsame das Angenehme und Erfreuliche zu überlagern beginnt. Dass eine neu entfachte Begeisterung auch in einer schwierigen Beziehungssituation möglich ist, erlebe ich immer wieder. Sich über sich selbst und über die Empfindungen des Partners eine objektive Klarheit zu verschaffen, kann sehr befreien, auch wenn der Prozess nicht immer schmerzfrei verläuft, da doch meist einige verhärtete Wunschvorstellungen desillusioniert werden.

- Wodurch entstehen bei dir Spannungen in der Beziehung?
- Womit überforderst du deinen Partner?
- Was möchtest du nur für dich ändern?
- Was ist dein Wertmaß in der Partnerschaft?

Partnerschaft – von der Hölle in den Himmel?

Die Worte „Himmel" und „Hölle" sind eigentlich nichts anderes als Ausdrücke und Symbole für Zustände. Bezogen auf die Partnerbeziehung spiele ich damit auf die Bereitschaft zum sogenannten „Beziehungs-Fegefeuer" an. Hier geht es um das Differenzieren statt um das Bewerten.

- Ich bin ich! Ich bin nicht du und du bist nicht ich!

Integrität bedeutet, dass jeder versucht, mit sich selbst ins Reine zu kommen. Es geht um die Integrität als Individuum. Mit Differenzierung meine ich, dass die weibliche und männliche Seite im Einzelnen akzeptiert und entwickelt wird. Damit wäre das Ziel des Differenzierungsprozesses die Bereitschaft und Fähigkeit, sich selbst zu vertrauen.

Wenn die Paarbeziehung ihre volle Dynamik entfaltet, fühlen sich die Partner oft bereits in größter Bedrängnis. Das heißt konkret, dass die Partner versuchen, sich am jeweils anderen oder an sich selbst festzuhalten. Je intensiver dann noch die emotionale Verstrickung greift, desto eher wird ein Partner mit einem radikalen Entweder-oder konfrontiert. Diese Machtkämpfe in einer Paarbeziehung gehören zum normalen Reifungsprozess.

Wer nicht bereit ist, zunächst die Beziehung zu sich selbst aufzubauen, sich selbst auszuhalten, seine eigene Autonomie zu erkennen und auch zuzulassen, wird in einer Partnerbeziehung immer der instabile Faktor sein. Er macht sich damit abhängig vom Partner und BRAUCHT andauernde Bestätigung seiner sogenannten „Ausstattung" – sei dies bezogen auf seine Bedürfnisse, seine Vorlieben, seine Eigenschaften, aber ganz besonders seine Sexualität. Mit diesem Verhalten wirkt der Partner nicht nur bedürftig, er wird dadurch außerdem süchtig nach Bestätigung. Jeder Mensch hat eine sexuelle Essenz, eine sexuelle Prägung und einen sexuellen Ausdruck, was alles nicht zu bewerten ist. Damit muss er aber erst einmal in das eigene Dilemma der Selbsterkenntnis und Selbstakzeptanz gehen – und das bezeichnen viele als „Hölle".

In der Paar-Hölle treffen nun zwei unterschiedliche Menschen aufeinander und suchen den Himmel. Allerdings werden nur zwei selbstbewusste, unabhängige Menschen es schaffen, durch die Hölle ihrer unterschiedlichen Bedürfnisse zu gelangen. Doch diese Prozesse sind nötig, denn die Hölle bedeutet ja nichts anderes, als die eigene Wahrheit zu finden. Das Einstehen für das eigene Sosein, ohne Wenn und Aber, ist der Prozess der Differenzierung, der beinhaltet, dass kein Partner für die Erfüllung der emotionalen Bedürfnisse des anderen verantwortlich ist. Also dient die Partnerschaft doch der gegenseitigen Herausforderung im individuellen Selbsterkenntnisprozess: Wer bin ich ohne dich? Wer bist du ohne mich? Der Partner ist immer Spiegel der eigenen unerlösten Geister. Ist das nicht die Hölle? Scheint so, als hätte der Himmel seinen Preis.

Die Seele steht für das Unbewusste, auch Psyche genannt, und verkörpert somit die zugrunde liegende Matrix, die Geschichte, das persönliche Drehbuch. Die Psychologie, der Logos der Psyche, handelt somit vom Logos der Seele, von der Ordnung der Seele. Sie symbolisiert die Ordnung der Geschichte und die Ordnung des Unbewussten, des Nichtsichtbaren. Damit dient die Partnerschaft also als unmittelbares Mittel zur Erkenntnis des eigenen Unbewussten, des eigenen Nicht-Sichtbaren. Sie ist der Spiegel. Jede Beziehung zeigt damit das eigene Unerlöste.

In der Beziehung dient dann die Sexualität als deutlichstes Mittel zur Selbsterkenntnis. Hier steht jeder, im wahrsten Sinne des Wortes, nackt, ohne Masken, dem unmittelbaren eigenen Spiegel gegenüber. Damit gehen wir eigentlich nicht in die Sexualität hinein, sondern eher aus ihr heraus. Womit die Chance besteht, aus der Illusion des Ichs und der Trennung herauszugehen, um sich der unbewussten Wahrheit hinzugeben. Somit liegt das Geheimnis nicht in der Sexualität, sondern in uns.

Partnerschaft – potenzielle Wachstumsmaschine?

Die Wie schon erwähnt, dreht es sich in Beziehungen jedweder Art immer um Macht und Ohnmacht, Täter und Opfer. Ich weiß, ich gebe mich erneut unromantisch, aber kannst du dir vorstellen, dass im Stadium der Verliebtheit genau der Partner die Ohnmacht pachtet, der am meisten von beiden verliebt ist? Bereits beim Zusammentreffen eines Paares werden die Weichen gestellt. Was tut man nicht alles aus lauter „Verliebtheit"? Ganz bestimmt mehr „ver-rückte" Dinge als im hormonellen „Normalzustand". Das alles entspringt der Angst und unbewussten Abhängigkeit, dass der Partner gehen könnte. Dieser sogenannte „Paarcode" entsteht gleich am Anfang und arbeitet nach einem bestimmten System, – das dem normalen Bewusstsein nicht offensichtlich zugängig ist –, das als Prägung hintergründig ständig weiterläuft.

Nichts stimuliert und fordert die persönliche Entwicklung im Erwachsenenalter so sehr wie eine Liebesbeziehung. Ein kritischer Widerstand, den die Partner einander entgegensetzen, wirkt meist als starker Anreiz für die persönliche Entwicklung, Integrität und Differenzierung. Je niedriger der Grad der Differenzierung ist, desto eher wird man sich in der Beziehung festfahren und miteinander an einen toten Punkt kommen, der nur durch eine Krise zu überwinden ist.

Die romantische Liebesbeziehung ist eine privilegierte Form des Leidens, durch die wir uns lebendiger fühlen, weil das Leben durch sie gefährlich, groß und tragisch sein darf. Denn was sind wir schon ohne Leiden-schaft? Was hätten wir ohne sie unserem Umfeld an Geschichten noch zu bieten? Was wären wir ohne Leiden?

Wahrscheinlich hast du mittlerweile erkannt, dass Intimität und Bindung nur möglich sind, wenn die Autonomie der Partner gesichert bleibt. Ist dies nicht der Fall, fühlt man sich gezwungen, die Kontrolle über die Beziehung behalten zu wollen. Eine selbstbestätigte Intimität ist auch der Schlüssel zu einer intensiven Sexualität. Das bedeutet, dass man dem Partner alles von sich mitteilen kann, ohne die Erwartung zu haben, dass er es akzeptieren muss. Der Partner erfährt so, wie der andere wirklich ist, und kann daraufhin entscheiden, wie er damit umgehen will. Es geht also nicht darum, es dem anderen recht zu machen, sondern um das Erkennen und Ausdrücken, was ich selbst will. Bereits aus diesem Ansatz heraus hat es der Beziehungsmachtkampf sehr schwer – falls er doch stattfindet, ist spätestens hier klar, dass einer von beiden mit Manipulation die Kontrolle behalten will.

Bei der Integration des eigenen Sexualverhaltens zum Beispiel geht es darum, wie beide dieses Verhalten als Ausdruck der eigenen Persönlichkeit deuten und zulassen können. Für eine persönliche Weiterentwicklung wäre es natürlich ideal, wenn sich beide dazu anregen lassen können, neue Schritte zu wagen. Das würde weiter bedeuten, dass alte Vorstellungen immer wieder auf den Prüfstand gestellt werden müssen. Das auf diese Weise individuell entwickelte Verständnis für sich selbst und dadurch auch für den Partner, hebelt gleichzeitig Gefühle von Unzulänglichkeit aus. Dies geschieht, weil das Bedürfnis wegfällt, alten und gängigen Vorstellungen gerecht werden zu müssen. Du siehst: Auch die Sexualität ist ein wirksames Instrument der Selbsterkenntnis.

Wir sollten uns nicht ständig nur mit den tragischen Aspekten unseres Lebens beschäftigen. Wie sagte schon Nietzsche (sinngemäß): „Wenn du lange in einen Abgrund blickst, blickt der Abgrund auch in dich hinein." Und das kosmische Gesetz, dass die Energie der Aufmerksamkeit folgt, unterstreicht unseren Hang und die Faszination am Schrecklichen. Dies natürlich immer mit dem Aspekt eines Dramas. Denn reine Fakten – also Informationen ohne Geschichten dahinter – wären viel zu langweilig.

Dennoch ist es gerade in der Beziehung wichtig, die Augen nicht vor „Missständen" zu verschließen und auch heikle Themen im Mitteilungsmodus statt im Diskussionsverhalten auf den Tisch zu bringen. Nur so können die Partner lernen, die Vergangenheit in der Gegenwart aufzuarbeiten. Sie können an der Vergangenheit dort arbeiten, wo sie in der Gegenwart an die Oberfläche tritt. Die Schwierigkeiten in der Paarbeziehung bieten also eine Chance, sich nicht nur mit der Gegenwart, sondern zugleich auch aktiv und unmittelbar mit der eigenen individuellen Lebensgeschichte zu beschäftigen.

Die gängige Vorstellung von einer Paarbeziehung als einer wechselseitigen Abhängigkeitsbeziehung und Ausgleichsversorgung betont aus meiner persönlichen Praxiserfahrung lediglich unsere Bedürftigkeit anstatt unsere Stärken. In der Paarbeziehung gibt es keine wirklichen Probleme oder Anzeichen einer Fehlentwicklung. Eine Krise deutet immer auf einen wichtigen Entwicklungsprozess hin, der dir in der Partnerbeziehung dabei hilft, dich zu differenzieren. Den Situationen, in denen diese Differenzierungsfähigkeit gefordert ist, kann man in keinster Weise entgehen – entscheidend ist, was man daraus macht.

UMA LIVE-Praxis

Weiblich, 45

Mein Vater war unberechenbar. Ich hatte keine Anhaltspunkte, wann er wie drauf war. Ein Gespräch mit ihm zu führen, war also unmöglich und sein Interesse an uns Kindern war kaum vorhanden. Eines Abends fing er an, meine Brüste zu berühren. Die Berührung war sanft, doch sie verbrannte mich fast. Ich war wie gelähmt. „Das darf er doch nicht tun! Er ist doch mein Vater! Ich kann ihn ja nicht einfach wegstoßen." Seine Hände wanderten weiter runter und streichelten meine Scham. Er berührte mich nur außerhalb, aber es war trotzdem ein Schock für mich und dieses Nein! in mir war ohrenbetäubend, aber ich brachte keinen Ton über die Lippen.

In der Zeit, als meine Eltern sich trennten, fühlte ich mich verloren und redete mit niemandem darüber. Einige Zeit darauf (vielleicht waren es auch einige Jahre später) nahm ich meinen ganzen Mut zusammen und erzählte es meiner Mutter. Ihre Antwort darauf war niederschmetternd: „Ach, der hat das sicher nicht so gemeint!" Ich fühlte mich von ihr total im Stich gelassen. Von diesem Moment an fühlte ich mich ganz auf mich gestellt und verschlossen. Etwa zu dieser Zeit wurde mein Vater schwer depressiv und wurde suizidgefährdet in eine Klinik eingewiesen.

All die Jahre wagte ich es nie, meinem Vater gegenüber Grenzen zu ziehen. Er belästigte mich zwar nie wieder sexuell, doch seine Anrufe und anderen „Auftritte" in seinen manischen Hochs konnten einem einen ganz schönen Schrecken einjagen. Schlussendlich war ich auch noch die Einzige aus der ganzen Verwandtschaft, die Kontakt zu ihm hielt. Alle anderen, meine Mutter mit eingeschlossen, redeten nicht mehr mit ihm. Ich fühlte mich so verdammt alleine gelassen und die Überraschungsbesuche meines Vaters ängstigten selbst meine eigenen Kinder.

Vor einigen Monaten konnte ich nicht mehr anders und MUSSTE meinem Vater folgenden Brief schreiben:

„Ich will und brauche keinen Kontakt mit dir! Denn all die Jahre habe ich mich verbogen, habe versucht, eine Art Normalität „heranwachsen" zu lassen. Du hast dich, obwohl ich schon einmal mit dir über alles gesprochen habe, NIE wahrhaftig entschuldigt! Du hast bloß mit weinerlicher Stimme um Verständnis gebeten. Aber das, was du getan hast, hat mein Vertrauen zutiefst erschüttert. Einmal in dich, aber letztendlich in mich selber. Ich konnte seitdem ich zwölf war jahrelang nichts mehr in meinen Brüsten empfinden. Es war, als hätte ich zwei Kartons umgeschnallt. Und das war noch nicht einmal das Schlimmste.
Ich habe mein Vertrauen verloren. Der Mann, der mich beschützen und bestärken sollte, hat sich an mir vergriffen und seine Macht missbraucht. Ich fing auch an, Wut und Hass zu spüren, dass du mir das antust. Dass ich keinen Vater mehr hatte, dem ich vertrauen konnte, den ich um Rat fragen konnte, der stark ist und mir hilft."

UMA:
Sie macht ihren Vater für ihr Leben verantwortlich und der Brief ist eine pure Schuldzuweisung. Ihr Leben oder vielmehr ihre Beziehungen sollen wegen ihres Vaters keinen Bestand haben. Ja, der Vater hat sie in die Unsicherheit über ihre Gefühle gebracht, aber solange sie glaubt, dass ihr ganzes Dilemma in ihrer Kindheit liegt, wird sie das unbewusst als Alibi verwenden. Sie wird sich damit weiterhin in äußeren Beziehungen suchen und dem Teufelskreis nicht entkommen können.

Meine Vergangenheit und die Geschichte mit meinem Vater kommt auch heute noch oft hoch. Zum Beispiel in folgenden Situationen:

Wenn ich mich unter Druck gesetzt fühle, speziell in der Sexualität. Das heißt, wenn ich beginne zu denken, was jetzt von mir erwartet wird. Es fühlt sich dann an, als würde ich aus meinem Körper rausgehen, damit ich nichts mehr empfinde. Die Verbindung ist dann gekappt.

Wenn andere mich kritisieren. Das ist kaum zu ertragen und ich wehre mich auf jede erdenkliche Art und Weise.

Wenn mich mein Exmann mit seiner Unzulänglichkeit an meinen Vater erinnert. Wenn er sich hilflos gibt, nicht weiß, was zu tun ist, und mir dabei alles überlässt. Spätestens dann werde ich so aggressiv, dass ich ihn, meinen Vater und den ganzen Rest der männlichen Spezies in denselben Topf schmeiße. Aufschrift: unbrauchbare Idioten, die nur eines können – einen im Stich lassen.

Es kommt mir so vor, als hätte ich so gar keine gute Meinung von mir. Ich ordne mich allen anderen unter, verstecke mich und mache nur das Nötigste – und auch das nur mit einer großen Portion Widerstand. Damit versuche ich auch allfällige Kritik abzuschwächen. Ich kann mir dann ja immer noch einreden, dass ich schließlich nicht alles gegeben habe.

UMA:
Sie denkt von sich, nicht liebenswert zu sein. Sie glaubt auch, nie die Männer zu bekommen, die sie will. Nur diejenigen, die sie nicht will, wollen sie. Sie bestätigt sich damit immer wieder neu ihre Verleugnung „ich bin nicht ...". Denn wenn sie damit aufhören würde, müsste sie ja zufrieden sein.

Dieses Vorgehen „übersetzt" sie auf fast jede Lebenslage: „Ich bin unsicher. Was, wenn das die falsche Entscheidung war. Was, wenn ich missverstanden und abgelehnt werde. Ich spüre einfach nicht, was ich will." Sie hat Angst vor Autoritäten, Konflikten, dass sie jemand ignoriert, dass sie nicht lebenstauglich ist, oder einfach grundsätzlich davor, eine bedeutungslose Null zu sein. Diese Muster stärkt sie jeden Tag wie folgt: Ich bin abhängig vom Sozialdienst, von meinem Umfeld und finanziell von meiner Mutter, die mich immer noch emotional beeinflusst. Ich passe mich zu stark an, weil ich nicht auffallen will. Ich isoliere mich, weil ich mich den anderen nicht zumuten möchte. Ich bin nicht effizient, weil ich immer anfange zu denken, bis ich nicht mehr weiß, was ich wirklich will und was für mich wichtig ist. Mir wird schnell alles zu viel und dann denke ich, zu blöd zu sein, und blockiere mich in meiner Kreativität ...

Sie sabotiert sich selbst, denn sie darf in ihrem Selbstbild ja nicht „gut" sein. Sie muss sich 24 Stunden ihren Mangel bestätigen, um die kompensatorische Identität aufrechtzuerhalten. Diese Muster arbeiten im Unterbewusstsein unentwegt und beeinflussen ihre Entscheidungen. Sie ist zwar immer auf der Suche nach ihrer wahren Identität, doch durch ihre Schuldzuweisungen bestärkt und nährt sie nur die Muster und gibt diesen Kraft. Ihr Vater hat es ausgelöst und sie hält daran fest, weil sie immer noch im Außen den Schuldigen oder die Schuld sieht.

Man kann die Vergangenheit nicht verändern, solange man mit ihr im Widerstand ist. Nimmt sie dieses Geschehen in ihre eigene Verantwortung (Drehbuch), dann könnte sie es zulassen und somit auch loslassen. In der Opferrolle übergibt sie den anderen die Verantwortung.

Ich hatte WIEDER eine Begegnung. Sie begann so wunderschön märchenhaft und leicht, bis ich meine innere Grenze nicht respektierte. Ich überging sie einfach und fühlte mich im Nachhinein miserabel.

Wieso mache ich das? Was für ein Teufel reitet mich nur immer wieder, dass ich nicht einmal abwarten kann? Ist es diese tiefe ÜBERZEUGUNG, dass ich jede kleine Chance (aus)nutzen muss, weil der Kerl ja wieder seine Meinung ändern könnte und mich plötzlich nicht mehr toll findet? Mein Vater war so unberechenbar, seine Liebe konnte innerhalb von Sekunden in Wut umschlagen. Ich lernte, die ganze Zeit abzuchecken, um zu erahnen, was bei IHM los ist. Und das tue ich immer noch bei Männern! Daher wohl auch das Gefühl, zupacken zu müssen, wenn schon mal einer lieb und an mir interessiert ist(!).

Das Gleiche passiert, wenn ich merke, dass ich nicht weitergehen möchte. Küssen ist schön, aber auf Sex habe ich keine Lust. An diesem Punkt „Stopp!" zu sagen, gelang mir auch hier wieder nicht! Es läuft immer noch das gleiche Gespräch in meinem Kopf ab, das sich letztendlich gegen meine Gefühle stellt. Die Angst, verletzt, ausgelacht oder sogar als dumme Kuh hingestellt zu werden, hat mich das Stopp übergehen lassen. Dabei verkaufe ich ja nur mich selbst als dumm und verliere dabei meine Würde.

UMA:
Sie fühlt sich in dieser Ohnmacht bedürftig; sie sucht Rat, ein verständnisvolles Ohr, einfach liebevolle Zuwendung. Auf der anderen Seite versucht sie, keine Hilfe zu brauchen, denn sie will ja auch nicht abhängig sein.

Dazu kommt noch, dass sich die Ambivalenz ihrer Gefühle zu ihrem Vater wiederholt. Sie glaubt, sie liebe einen Mann, erzeugt aber unbewusst diese negativen Gefühle. Dabei ist sie in der Kinderrolle und sucht kindliche Liebe und Sicherheit. Sie fängt an zu klammern. Sie erzählt kindlich-naiv ihre ganze Geschichte und ich kenne keinen Mann, der da nicht schreiend davonläuft: Denn wer will schon Vaterersatz sein?

Sie ist noch immer sehr wütend auf ihren Vater, was schlussendlich die Wut auf sich selbst darstellt. Auch dass sie ihre ganze Familiengeschichte dem jeweiligen Partnern aufs Auge drückt, ist ein Zeichen ihrer inneren Zerrissenheit.

Wenn man sich das bewusst macht, kommt zum Vorschein, wie sie unbewusst immer zwischen der Kinder- und der Mutterrolle hin- und herpendelt. Sie geht in die Kinderrolle, wenn sie einen Mann kennenlernt, und hofft, in ihm den Vater zu finden. Später wird es dann die Rolle der alleinerziehenden Mutter, die jemanden sucht, der ihr hilft, ihre Probleme in den Griff zu bekommen. Beides Rollen, die vom „Brauchen" und von hohen Erwartungen leben. Die einzige Macht hat sie ausschließlich in der Mutterrolle.

Im Verlauf unserer Arbeit machte sie sich bewusst, dass sie in den Männern eigentlich nur sich selbst suchte. Ihren nicht aktiven, nicht als gut bewerteten männlichen Anteil. Sie lernte ihre Rollen als Rollen zu sehen, mit denen sie sich nicht mehr identifizieren musste. Denn: Wir sind mehr als nur unsere Rollen ...

Ich sehne mich danach, einem Mann zu begegnen, der mich liebt und mich so sieht, wie ich bin, und der trotzdem dableibt. Der mir aber auch die Stirn bietet und den Widerstand, nach dem ich mich manchmal sehne. Ohne ein Drama zu machen oder davonzulaufen.

UMA:
Das geht nur, wenn man nicht mehr vor sich selbst davonläuft und sich in seinen Mustern aushält. Dann kann ich mich fragen: „Passt er zu mir?" und nicht: „Passe ich zu ihm?"

Sich selbst Halt geben – Selbstbestimmung

Auch das eben ausgeführte Praxisbeispiel hat erneut verdeutlicht, dass sich das erwachsene Selbst gewissermaßen nur durch die Nichtbestätigung des Partners wirklich entwickeln kann. Du musst es also wagen, dich dem anderen in deiner individuellen Weise zuzumuten, denn jede Beziehung zeigt das eigene Unerlöste in diesem neuen Bewusstsein. Eine Partnerbeziehung ist dann im Wachstum, wenn die Partnerschaft lebendig ist. Die Basis dazu ist die dynamische Weiterentwicklung und das geistige Wachstum beider Partner, was nur mit Unzufriedenheit ausgelöst werden kann. **Wenn du also etwas Neues über dich erfahren willst, musst du bereit sein, etwas zu fühlen, was du noch nie fühlen wolltest.**

Du kannst deinen Partner nicht im einen Moment „lieben" und im nächsten angreifen. Das ist nicht nur ein Zeichen von Abhängigkeit, sondern deutet auf starke Bedürftigkeit hin. Natürlich fühlt sich diese Situation nicht sehr angenehm an, wodurch das Ego schnell nach einem „besseren" Selbstwertgefühl verlangt, das durch den Partner vermittelt werden soll. Dieses Verhalten zeigt sich in sehr vielen unbewussten Beziehungen und lässt den Vergleich mit einer Drogenabhängigkeit aufkommen. Denn jede nach außen gerichtete „Liebe" entwickelt sich zur Droge, wenn die Befriedigung von Bedürfnissen und Mängeln von anderen als uns selbst abhängig gemacht wird. In Wirklichkeit und in ihrer Wirkung ist das tatsächlich nichts anderes als eine Sucht.

Demnach ist die Basis aller nach außen gerichteten Forderungen, wie zum Beispiel das Verlangen nach Zuneigung und Liebe, nichts anderes als die Sehnsucht nach sich selbst, die von der

Ablehnung von sich selbst genährt wird. Je mehr du also etwas von dir ablehnst, desto mehr Zuneigung brauchst du und desto mehr Zuneigung suchst du in der Kompensation im Außen.

Jede Sucht oder Abhängigkeit entspricht also der unbewussten Weigerung, sich dem eigenen Schmerz und dem eigenen Sosein zu stellen – mit gleichzeitiger Sehnsucht nach der eigenen Wahrheit. Das ist nicht etwa ein Paradoxon, sondern eine vollkommen menschliche Reaktion, die jedoch nicht als solche erkannt wird.

Das Ganze stützt sich auf Prinzipien von Begehren – Erobern – Besitzen. Wir müssen uns also schon fragen, was wir meinen, wenn wir von „Liebe" sprechen. Denn was wir begehren, wollen wir auch besitzen. Basierend auf dem Glauben, von allem getrennt zu sein, ist Liebe dann nichts anderes als Sehnsucht. Du hast in jeder Beziehung keine Verpflichtungen, nur Gelegenheiten. Damit musst du dir auch keine Sorgen um den anderen machen, sondern einzig und allein um dich selbst. Somit ist für beide gesorgt und mit deiner totalen Ehrlichkeit gibst du nicht nur dir selbst starken Halt.

Beantworte bitte dazu folgende Fragen ganz ehrlich:

- Bist du oder ist die Beziehung das Problem?
- Identifizierst du dich mit deinen Gefühlen?
- Nimmst du eine Reaktion des Partners persönlich? Wenn ja, warum?
- Von welchem gespiegelten Selbstbild bist du abhängig?

Beziehungsmodelle heute

Wahrscheinlich war die gesellschaftliche Akzeptanz für alternative Familienmodelle oder gar „offene" Beziehungen noch nie so groß wie heute. Deshalb möchte ich darauf verzichten, auf beziehungstechnische Traditionen im alten Rom oder auf andere geschichtlich tradierte Liebes-Lebens-Gewohnheiten einzugehen. Es scheint aber tatsächlich so, als wäre die Toleranz im zwischenmenschlichen Zusammensein heute bedeutend größer. Dennoch – oder vielleicht gerade deshalb? – hält sich die Vorstellung der monogamen Liebesbeziehung hartnäckig und wird in ihrem idealisierten Vorbild sehnsüchtig angestrebt – sei dies durch immer unsicherere soziale Umstände oder die bereits vielfach erwähnte Identitätslosigkeit des Einzelnen.

Theoretisch war es also noch nie so einfach, eine unkonventionelle Beziehung führen zu können. Theoretisch. Praktisch wird von Paaren aber dennoch die klassische Zweierbeziehung bevorzugt – und das nicht nur auf dem Land. Ab einem gewissen Alter ist plötzlich Schluss mit der Experimentierfreude, was die verbindliche Partnerbeziehung mit all ihren Klischees und Verhaltensregeln auf den Plan ruft: das klassische Verliebt – Verlobt – Verheiratet – Kinder und so weiter. Um sich dennoch einen Hauch von Unabhängigkeit und zeitgemäßem Freizügigkeitsdenken hingeben zu können, erweitert man einfach den Rahmen der flexiblen sexuellen Sichtweisen. Klar, dass damit versucht wird, alte Toleranzgrenzen aufzubrechen. Dennoch steckt dahinter sehr oft eine eigennützige Selbstmanipulation. Ganz sicher haben Frauen und Schwule in den vergangenen Jahrzehnten im Kampf um Gleichberechtigung große Erfolge errungen. Doch sind die Geschlechtsidentitäten tatsächlich elastischer geworden? Bewegt sich der Mensch in seiner Sexualität oder in den Vorstellungen von Beziehung heute tatsächlich freier?

Tatsache ist, dass die romantische Liebesbeziehung einzig einer exklusiven Zweierbeziehung zugeschrieben wird. Zwar wird uns mittlerweile auch durch die Filmindustrie gezeigt, dass die homosexuelle Liebe zum Mainstream werden kann („Brokeback Mountain" usw.), doch das gängig gebotene Beziehungsbild in Romanen, TV-Serien und dergleichen ist nach wie vor fast ausschließlich die monogame Mann-Frau-Version. Es gibt inzwischen sehr viele Berichte und Bücher über die sogenannte „Polyamorie", doch das Konzept, dass Zweierbeziehungen nicht die einzige erstrebenswerte oder mögliche Form des Zusammenlebens darstellen, bringt hierzulande noch recht wenige Verfechter auf die Straße.

► Welches (innere) Opfer bist du bereit, für eine innige Liebesbeziehung zu erbringen?

Diese Frage ist durchaus berechtigt, denn wenn du dir eine innige Liebesbeziehung wünschst, musst du dich sehr wahrscheinlich von Überzeugungen lösen, die in unserer Gesellschaft verbreitet sind und als unanfechtbare Wahrheiten gelten. Insgeheim wissen die meisten, dass die Beziehungsmodelle heute – und vor allem die Partnerbeziehungen – einem starken Wandel unterstellt sind. Es ist deshalb nicht überraschend, dass mir gerade wegen der herrschenden Verunsicherung täglich viele Fragen betreffend Paarbeziehungen gestellt werden. Was soll ich tun bei Verlustangst, bei Bindungsangst? Was tun gegen Liebeskummer oder Eifersucht? Dass es dabei nicht primär um das TUN, sondern um die eigene Einstellung der Vorstellungen und Erkennungsmuster geht, ist im ersten Schmerz meist nur schwer fassbar.

Es kommen auch Menschen zu mir, die glauben, dass ihre Schwierigkeiten mit der Sexualität zusammenhängen. In der gemeinsamen Arbeit müssen sie dann jedoch feststellen, dass die Ursache woanders liegt und dass es dabei um wesentlich mehr geht.

Den oft verzerrten und unzeitgemäßen Auffassungen von Intimität, übereinstimmender Kommunikation und Sexualität liegt immer derselbe Irrtum zugrunde, nämlich: dass wir immer nur einen kleinen individuellen oberflächlichen Ausschnitt sehen. Die gängigen Vorstellungen von Intimität, Partnerschaft und Sexualität sind somit unvollständig. Falsche Erwartungen an deine Beziehung sind damit das größte Problem. Die meisten Menschen gehen davon aus, Intimität hänge von der Anerkennung und Bestätigung durch den Partner ab und reden dabei von Harmonie, wenn der Partner die gewünschte Reaktion liefert. Es geht aber nicht um Abhängigkeit und Fremdbestätigung durch den Partner, sondern um Selbstbestätigung.

- Wie kommst du eigentlich darauf, dass es nicht gut ist, Beziehungsprobleme zu haben?
- Wie wäre es einmal mit einer differenzierteren Sichtweise auf das Thema Beziehung?
- Was wäre zum Beispiel, wenn Eifersucht, Verlustangst und Liebeskummer nichts anderes wären als Aufforderungen zur Selbsterkenntnis?

In jeder Paarbeziehung kommt es irgendwann zu einer Bewährungsprobe. Bei der allbekannten „Feuerprobe" geht es darum, gemeinsam echt zu werden. Erst wenn wir echt sind, sind wir beziehungsfähig. Das ist der wirkliche Sinn von Beziehungen. Der Hunger nach inniger Gemeinsamkeit – die Verschmelzungssehnsucht aus der unbewussten Angst, sich selbst nicht zu genügen – steht ständig im Kampf mit dem Streben nach Eigenständigkeit. Ein neues Bewusstsein für Liebe, Sexualität und Partnerschaft stellt deine Identität und dein Selbstwertgefühl auf die Probe

– das ist der Durchbruch in der Beziehung. Er bringt uns zu der Erkenntnis, dass das „System Beziehung" eigenen Regeln und unbewussten Gesetzmäßigkeiten gehorcht. Persönliche Vorlieben und die Suche nach dem vermeintlichen Ideal interessieren dieses System überhaupt nicht.

4 Mein Körper – Hülle oder Hölle

Aufgrund dieser Überschrift könnte man fast davon ausgehen, dass wir nun auf der ausschließlich „grobstofflichen" Ebene, beim physischen Körper, angelangt sind. Wenn wir jedoch den Quantenansatz „alles ist eins" berücksichtigen, bezieht die Ganzheitlichkeit das Grobstoffliche sowie das Feinstoffliche ganz natürlich mit ein. Dein Köper ist praktisch der wichtigste Indikator, da er die im „Unsichtbaren" geborenen Prägungen und Einstellungen sichtbar macht.

Was wäre denn, wenn sich deine Essenz genau diesen einen Körper, den du gerade bewohnst, ausgesucht hat? Wenn du genau diesen Körper brauchst, um das, was in dir angelegt ist, erleben zu können? Könnte diese Sichtweise deine Körperlichkeit in ein etwas anderes Licht rücken? Denn seien wir ehrlich: So wirklich zufrieden scheint irgendwie selten jemand mit seiner einzigartigen, äußeren Hülle zu sein. Eine erfolgreiche „Impfung" der aktuellen Schönheitsideale kommt spätestens dann zum Vorschein, wenn irgendjemand aus dem eigenen Dunstkreis eine etwas kritische Bemerkung über unser äußeres Auftreten macht und wir uns verunsichert fühlen.

Nach wie vor stehen maßgeblich Frauen mit ihrem Körper auf Kriegsfuß, doch auch die Männer entwickeln ein enormes Perfektionsbedürfnis. Was bei dem Ganzen verdrängt wird, ist die individuelle Einzigartigkeit, zu der sich viele nicht so recht bekennen können. Die Angst, nicht akzeptiert oder wahrgenommen zu werden oder plötzlich alleine dazustehen, ist zu groß. Nicht wenige sehen sich deshalb gezwungen, größte Anstrengungen auf sich zu nehmen, und ergreifen teilweise haarsträubende Maßnahmen, um in die aktuelle Norm zu passen – ein wahnsinniger Aspekt der Ich-Optimierung.

Dass wahre Schönheit von Innen kommt, hast du sicher schon zur Genüge gehört. Ist dir aber auch bewusst, dass ein angstfreies Leben nur durch die Versöhnung mit deinem Körper stattfinden kann?

Mein Körper – mein ärgster Feind

Die folgenden Aussagen stammen von Suchtkranken, welche wegen ihrer Alkohol-, Drogen- oder Ess-Brech-Sucht an ihre äußersten, körperlichen Grenzen kamen. Es handelt sich dabei lediglich um einen Auszug von Geständnissen, die allerdings die Identitätslosigkeit drastisch widerspiegeln.

- Mein Körper ist hohl, aber er klingt nicht.
- Er ist voller Benzin, hoffentlich hält niemand ein Zündholz dran.
- Er ist aus Stein, aber ganz brüchig. Überall hat er Risse und Sprünge, wie lange hält er?
- Mein Körper schmerzt wie Nadelstiche.
- Es brodelt und zischt in ihm, nichts passt zusammen.
- Es gibt keine Verbindung zwischen oben und unten in meinem Körper.
- Mein Geschlecht ist eingemauert.
- Mein Geschlecht ist ein Gefäß ohne Öffnung und Boden. Ich ertrinke in meinem Körper.
- Mit meiner Periode fließe ich periodisch weg.

- Mein Körper – ist er weiblich oder männlich?
- Ich fühle, er ist ganz unklar und unbestimmt, kann keine Verbindung eingehen.
- Ich hasse meinen Körper – wie matschig er sich anfühlt.
- Einmal in Gang gekommen, eckt er überall an. Er verletzt und verletzt sich.
- Schmerzen tun meinem Körper weh, aber sie geben mir ein Gefühl von Dasein.
- An Unterkühlung ist er schon oft gestorben. Erkaltet bei der Nichterfüllung seiner Wünsche.
- Mein Körper quält mich, aber ich kann ihn nicht fassen.
- Ich verbrenne, aber ich spüre es nicht.
- Als mein Körper wuchs, konnte ich mich nicht dagegen wehren.
- Meine Beine sind kaputt vom Fallen. Vom immer wieder aufrechten Gehen schmerzen sie.
- Früher habe ich gestrampelt, gestoßen und gebrüllt. Von meinem Körper war nur dann noch etwas zu spüren.
- Meine Stimme ist verfremdet, das bin ich nicht.
- Ich kann meinen Körper nicht zusammenhalten, mir fehlt die Energie, die Lust, ein Plan.
- Im Schraubstock. Nur ein Gerüst. Ein Schild ohne Beschriftung.
- Mein Körper ist die Hölle, mein Leben eine Reise durch den Wahnsinn.

Du magst jetzt vielleicht glauben, dass es sich bei diesen Beschreibungen um kranke Sonderfälle handelt, doch dem ist leider nicht so. Sicher, es gibt da draußen „harmlosere" Darstellungen von verfremdeten Körperempfindungen, doch auch „ungiftigere" Versionen deuten auf ein Mangelbewusstsein und dessen Identitätslosigkeit hin.

► Wie empfindest du deinen Körper?

- Wie lange kannst du ihn betrachten, ohne zu bewerten und zu vergleichen?

In Kapitel „Identitätslosigkeit in der Kompensation" (Seite 87 ff) behandle ich diese „Body-Mind"-Verbindung noch etwas detaillierter. Hier geht es mir erst einmal darum, dich für deinen einmaligen Körper zu sensibilisieren.

Es ist ja nicht so, dass ein abwertendes Körperempfinden nur aus den immer wieder aktualisierten, Zeitgeist entsprechenden Schönheits- und Gesundheitsidealen der Medien entsteht. Diese Anschauung wäre schlichtweg zu oberflächlich. Die Dynamiken, die gegen einen sogenannten Mainstream plädieren, greifen heute viel schneller und die viralen Oppositionen erreichen in kürzester Zeit ihre Masse. Beispiele dafür gibt es genügend und Blogs sind voll davon. Es könnte sich heute also eigentlich jeder einer für ihn passenden Gruppe von Menschen anschließen, um sich nicht mehr als Außenseiter oder nicht „normal" fühlen zu müssen. Selbst Rebellionen werden in unserer digitalen Zeit anders als früher auf- und ausgebaut. Einzig bei der Umsetzung wird meist wieder physisch menschliche Manpower eingesetzt.

Mit dieser Freiheit zur individuellen Meinungsbildung könnte sich also jeder seine eigene Wahrheit und sein ganz persönliches Körperideal aussuchen. Doch aufgepasst: Ideen und Ideale können ganz schnell zu neuen „Gesetzen" werden! Denn je häufiger sie propagiert und wiederholt werden, umso schneller rutschen die Verfechter auf die Schiene „recht haben zu wollen/zu müssen". Damit werden die Botschaften oft noch vehementer kommuniziert, weshalb noch mehr Leute darauf aufmerksam werden, sodass immer mehr Menschen anfangen, daran zu glauben.

Basierend darauf haben sich in der Vergangenheit einmal Trends wie die „Twiggi-Manie", die Idealmaße 90-60-90 oder das heutige „dünn, dünner, am dünnsten" für Frauen entwickelt. Männer wiederum müssen sich mit Musterbildern wie „Sixpack", einem gemäßigten Muskelprotz oder einer Idealkörpergröße von 190 cm stellen. Solche und ähnliche Attribute halten sich entweder seit Langem hartnäckig oder erleben immer wieder verbesserte Revivals. Irgendwann festigen sie sich als ungeschriebene Gesetze im Bewusstsein und gelten als Maßstäbe. Damit wird aber auch die Diskriminierung von allen, die „aus der Norm fallen" gesellschaftsfähig gemacht.

Grundsätzlich spielt es keine Rolle, welche Meinung man vertritt, denn das eigene Körperempfinden wird durch den Fokus auf äußere Anschauungen ohnehin in die Wüste geschickt – und deine einzigartige Form wird sozusagen ausgehungert. Ein daraus entwickeltes Mangelbewusstsein begünstigt den Glauben, „nicht in Ordnung" oder „nicht passend" zu sein. Die gewöhnliche Reaktion darauf ist, das „Nicht-annehmbare" verändern und verbessern zu müssen, was durch mannigfaltige unbewusste Kompensationen im Außen aufgefangen werden soll.

UMA LIVE-Praxis

Weiblich, 33

Ich muss sieben oder acht Jahre alt gewesen sein, als schleichend die Waschzwänge anfingen. Ich fühlte mich schmutzig, wusch mir mehrmals am Tag ohne ersichtlichen Grund die Hände, musste die Kleider wechseln, wenn ich etwas gegessen hatte, und durfte mich nur für ganz bestimmte Tätigkeiten in meinem Zimmer aufhalten, ansonsten, so dachte ich, beschmutzte ich es. Wenn ich mich nicht an die Regeln hielt, bestrafte ich mich mit irgendeiner anderen Regel, die ich mir zu diesem Zwecke ausgedacht hatte. Die selbst geschaffenen Regeln hatten mich voll im Griff. Irgendwann fand ich mich in einem starren Gerüst von Mustern und Kontrollmechanismen und niemand im Außen begriff, wie schmal die Kante für mich war, auf der ich ging. Die Welt bestand für mich nur noch aus richtig oder falsch, gut oder böse, sauber oder dreckig, sonst nichts. Dass ich mir mein Gefängnis selbst geschaffen hatte, änderte nichts an seiner Brutalität, im Gegenteil. Ich schuf mir in meiner Andersartigkeit eine Welt der Unabhängigkeit, die ich bei niemandem sonst in meinem Alter wiederfand, und das machte mich stolz.

Irgendwann entschied ich, nicht mehr zu essen. Auch das war eine fatale Regel, die sich schnell verselbstständigte. Die Regeln waren teuflisch und folgten keinem logisch nachvollziehbaren Plan. Wo früher einmal scheinbarer Halt war, gab es nun ganz offensichtlich keinen mehr. Ich war zehn oder elf und wollte nicht mehr leben. Irgendwann war mein Zustand tatsächlich lebensbedrohlich. Im Spital diagnostizierte man „Anorexia nervosa", mir wurde eine Magensonde gesteckt.

Nach einigen Wochen wurde ich in die Kinder- und Jugendpsychiatrie verlegt und mein Alltag gewann nach und nach etwas an Normalität zurück. Ich lebte mit anderen Kindern und Jugendlichen in einer betreuten Wohngemeinschaft, hatte eine Tagesstruktur, Beschäftigungen. Jetzt wurden die Regeln von außen gemacht. Als ich das erforderte Gewicht erreicht hatte, begann die Familientherapie. Nach drei Monaten wurde ich nach Hause geschickt. Ich sollte bei meiner Mutter leben und jedes zweite Wochenende meinen Vater besuchen, die beiden hatten sich in der Zwischenzeit getrennt.

Meine Mutter und ich lebten zu zweit in unserer alten Wohnung und sehr schnell griffen die bekannten Muster wieder und ich hatte einen Rückfall. In Wahrheit waren die Zwänge und meine Magersucht die einzige Möglichkeit, mich überhaupt zu spüren – und auf eine perverse Weise bereitete mir diese Intensität Lust.

Mit vierzehn Jahren kam ich in eine Außenstation der Klink, um meinen Schulabschluss machen zu können. Schnell freundete ich mich mit einem anderen Mädchen an und konnte kaum glauben, dass sie sich für mich interessierte. Wir gingen in die Klubs, um zu tanzen. Tanzen fühlte sich lebendig und lustvoll an. Ich merkte, dass es mir leichterfiel, aus mir herauszugehen, wenn ich Alkohol trank. Angetrunken oder betrunken fühlte ich mich gelöster und M. (dem anderen Mädchen) ebenbürtiger.

Ich verliebte mich das erste Mal heftig in einen Jungen und glaubte, damit M. meine Unabhängigkeit demonstrieren zu können. Das Zusammenleben mit M. wechselte zwischen fürsorglicher Zärtlichkeit und abgrundtiefer Bosheit. Wir quälten uns, physisch und emotional. Ich drohte immer wieder mit Selbstmord, verletzte mich selber und übte so subtile Macht auf ihre Gefühle aus. Und dann brach einmal mehr alles auseinander.

Nach außen wurde ich wieder braver, doch meine Aggressionen begannen sich wieder stärker nach innen zu richten. Wenn ich ausging, trank und rauchte ich und hatte Liebeleien, die mich kaltließen. Es ging mir nur um die Bestätigung, denjenigen zu kriegen, den ich mir in den Kopf gesetzt hatte. Wenn sie dann anbissen, verzog ich mich. Ich wusste, spätestens wenn sie mich auszogen und anfassten, konnte ich die Rolle der Starken, der Unabhängigen, der Verführerin und der Lebenslustigen nicht mehr halten.

In der Zeit lernte ich A. kennen, eine junge Schauspielstudentin. Ihre lebendigen Gedanken und ihr brennendes Fragen faszinierten mich. In der gleichen Zeit kam ich intensiver mit Yoga in Kontakt. Die tranceähnlichen Zustände der scheinbaren Leere gefielen mir und in der Gemeinschaft um den Lehrer fand ich Familie. Ich bestätigte mir über den Yoga, über meine Art der spirituellen Praxis, ständig den Gedanken, enthaltsam zu leben. Enthaltsam mit allem, vor allem mit dem Leben. Ich sah mich diszipliniert und hatte die Kontrolle. Und doch waren da die Gelüste, die Leidenschaft, das pulsierende Leben, das immer mal wieder anklopfte. Wenn ich abwies, war ich stolz, erfror zugleich aber auch innerlich, und wenn ich der Sehnsucht einmal nachgab, kamen sofort wieder die Bestrafungen.

Die letzten fünf Jahre habe ich Yoga gemacht, manchmal sechs Stunden am Tag. Allmählich dämmerte mir, wie sich das Muster durchgezogen hat. Ich missbrauche meine sogenannte spirituelle Praxis und stärkte damit nur mein Ich-Gefängnis. Der Wahnsinn fühlt sich nicht mehr als Wahnsinn an, Zwang ist mir zur Normalität geworden.

Mittlerweile habe ich gelernt, mir selbst zu begegnen und mich wertfrei zu beobachten, um meine Muster als das zu erkennen, was sie sind: Filter und Vorstellungen, die ich zwischen mich und meine Wahrheit geschoben und mir so die Sicht auf mich selbst verstellt habe. Meine Wahrheit ist es, meine Lust selbstverständlich und grenzenlos zu leben. Ich sehne mich danach, ihr wirklich zu begegnen. Ich möchte mich auch wieder verlieben, sie in meinem Partner gespiegelt sehen und mir darin gefallen, egal, wie sie ausschaut. Ob wild, gefräßig, laut oder zärtlich, sehnsüchtig und verspielt. Ich kenne sie nicht, ich kenne mich nicht in ihr. Ich habe Sehnsucht nach dem Kampf und dem Ringen und dem Kennenlernen. Ich will die Frau herausfordern und dem Mann begegnen, der sie in jedem neuen Moment aufs Klarste wiedergibt. Ich will genommen werden, aber zu „meinen" Bedingungen. „Meine" Bedingungen sind meine Wahrheit. Die Wahrheit, die sich durch mich verkörpert sind Intensität und

Fühlen. In den gelebten Aspekten meiner Männlichkeit – dem aufrechten Bewusstsein in mir – und meiner Weiblichkeit – der totalen Hingabe ans Leben – vollkommen selbstbestimmt zu sein, danach sehne ich mich.

UMA:
Nur wer einmal „gestorben" ist, kann leben! – Womit die falsche Identität gemeint ist, die wegfällt.

Das Körperbewusstsein

Der Körper ist keine Maschine und ein Körperbewusstsein geht weit über die rein biologisch-medizinische Körperwahrnehmung hinaus. Darauf bin ich bereits im Buch „BeziehungsDynamit" eingegangen und habe auf die Auswirkungen der Zellinformationen (wissenschaftlich „Miasmen" genannt) hingewiesen. Deshalb folgt hier eine kleine Exkursion in den geistig-emotionalen Bereich zum miasmatischen Gedächtnis unserer Körperzellen.

Die menschlichen Zellen werden bereits während der Schwangerschaft sowohl mit individuellen als auch mit kollektiven Informationen und Prägungen aus der Menschheitsgeschichte angereichert. Es sind also nie nur familiäre Marker in einer Zelle enthalten. Grundsätzlich wird der Mensch von Energiemustern (Attraktoren) beherrscht, welche als Energiefelder auch die menschliche Intelligenz bestimmen. Die persönliche emotionale Intelligenz entsteht durch einen interaktiven, neurochemischen Vorgang, welcher den gesamten „Body-Mind-Apparat" mit einbezieht:

Alle Gedanken folgen den Gefühlen und werden durch stete Wiederholung zur „Einstellung". In der Konsequenz entstehen Prägungen und Sichtweisen, die unsere Weltanschauung von innen heraus beeinflussen. Die dadurch entstandenen Wahrnehmungen lösen wiederum bestimmte Emotionen aus, welche ganz bestimmte Erfahrungen erleben lassen. Die so geformte emotionale Intelligenz erschafft gleichzeitig das persönliche Ich-Bewusstsein.

Die emotionale Intelligenz und das gesamte menschliche Sein haben also nicht nur Auswirkungen im Gehirn, sondern im umfassenden Körper und dessen Zellen. Gene sind demnach wandelbar und unterliegen nach neuesten wissenschaftlichen Erkenntnissen nicht dem Schicksal. Da Gene aus Erfahrungen lernen, sind Neueinstellungen des individuellen menschlichen Bewusstseins möglich. Auf dieser Erkenntnis basiert die heutige „Psychoneuroimmunologie" (PNI), die mit der Einflussnahme auf vorhandene Energiebahnen arbeitet und damit eine „Neuprogrammierung" der bestehenden Zellinformationen bewirkt. Daraus entstehen neue Gefühle, welche wiederum neue Gedanken erzeugen.

- Hat jeder Einzelne von uns genau den Körper, den er „verdient"?

So abwegig scheint diese Frage nicht mehr zu sein. **Fakt ist, dass der Körper die letzte Instanz darstellt und uns wie ein Spiegel vertrauensvoll auf innere Umstände hinweist.** Wie innen so außen. Damit ist dann auch jede geistige Manifestation im Körper selbst erschaffen und lediglich eine Wirkung unserer inneren Einstellung.

Nachdem du nun eine vielleicht etwas andere Sichtweise auf deinen Körper kennengelernt hast, geht es im Folgenden darum, ein Gefühl dafür zu entwickeln und dieses in deinen persönlichen

Alltag zu integrieren. Um deine Ganzheitlichkeit mitsamt deinem individuellen Wesen zu berücksichtigen, hat dein Körper als Werkzeug eine Schlüsselfunktion. Nicht umsonst verfügt er über praktische Mittel, die dich in ihrer Wirkung immer wieder an deine individuelle Wahrheit erinnern werden.

Wie erwähnt, trägt jeder die tiefe Sehnsucht nach sich selbst in sich. Darüber hinaus lebt in allen Frauen und Männern der meist unbewusste Wunsch, sich als ganze Frau oder eben als ganzer Mann zu fühlen. Dass an dieser Stelle viele die Sexualität als zentralen Faktor zur Wunscherfüllung in Betracht ziehen, heißt noch lange nicht, dass das Verlangen nur auf dieser Ebene gestillt werden kann.

Es ist schon richtig, dass in der heutigen Zeit nichts mehr sicher ist, was definitiv nicht nur für wirtschaftliche Themen gilt. Auch die typischen Rollenverhalten von Mann und Frau kommen immer mehr in Schieflage. So sind zum Beispiel die traditionellen Männerrollen des Erzeugers, Beschützers und Ernährers stark im Wanken. Auch deshalb klammern sich einige Männer an den Macho und dessen alte Privilegien. Wieder andere schämen sich ihrer Männlichkeit und werden zum Softie. Verunsicherte Männer lassen sich im kompensatorischen Verhalten oft dazu verleiten, noch ausgeprägter nach materiellen Gütern zu streben. Oder sie suchen sich die Anerkennung durch Leistung, was nicht nur in die Krankheit, sondern vielfach in die Sucht treibt. Viele geben sogar zu, ein eingeschränktes Sexualleben zu führen und aus Angst in lieblosen Paarbeziehungen zu bleiben.

Im Grund der Dinge geht es bei Mann und Frau um die Entdeckung der eigenen individuellen Geschlechtlichkeit, womit sie eigentlich bereits seit ihrer Jugend beschäftigt sind. Ein wichtiger Punkt dabei ist, wie sie sich als Tochter oder Sohn von den Eltern lösen konnten. Die Aufgabe der Loslösung aus der behütenden oder vielleicht sogar einengenden Macht der Mutter fällt jedem Kind schwer. Mütterliche Prägungen – seien sie optimistisch oder pessimistisch, ob als Opfer oder Täter – bilden ein Basismuster im „System Beziehung" und können die gesamte Entwicklung eines Kindes beeinflussen.

Spätestens in der Pubertät werden Kinder mit ihrer Geschlechtlichkeit konfrontiert, was sich in einer sehr engen Mutter-Kind-Bindung als schwierig entwickeln vermag. Es kann sogar so weit gehen, dass eine Zuwendung zur eigenen Männlichkeit bzw. Weiblichkeit und der dazugehörigen Identität als Mann oder Frau beeinträchtigt wird.

Jungen haben mehrheitlich einen starken Drang nach männlichen Vorbildern. Mädchen decken ihre aufkeimenden Bedürfnisse mit weiblichen Idealen ab, welche nicht notwendigerweise mit dem Vorbild der Mutter übereinstimmen müssen. Doch irgendwann muss der Weg des Mannes, der in seine Männlichkeit kommen will, das Weibliche (Mutter) abwerten. Entsprechend führt der Prozess einer Frau nur über die Abwertung des Männlichen (Vater) zu ihrer Weiblichkeit.

Für viele Töchter und Söhne ist eine elterliche Ablösung sehr brutal, wenn diese „Trennung" nicht „im Guten" geschehen kann. Bei Frauen wie Männern kann individuell ein Leben lang sowohl das Weibliche als auch das Männliche negativ im Bewusstsein abgespeichert sein.

Durch die unbewusste Angst des Mannes vor dem Weiblichen begeben sich viele Männer einzig als Kompensation in eine Beziehung und landen damit nicht selten in emotionaler Abhängigkeit. Um sich dennoch „ganz" fühlen zu können, benutzt der Mann unbewusst eine Partnerin, die in ihrer Verhaltensweise eher männlich aktive Aspekte lebt. Dieser Mechanismus gilt für beide

Geschlechter und schwingt in den meisten Paarbeziehungen mit. Man nimmt sich vom Partner das, was man an sich selbst abwertet und deshalb nicht geben kann. Doch eine solche Bedürftigkeit macht abhängig und führt in die Ohnmacht. So kann sich ein Mann zum Beispiel mit einer schönen Frau „schmücken", um sich und der Welt zu beweisen, wie toll und erfolgreich er ist, weil er sich ein Vorzeigemodell von Frau leisten kann. So ein Mann kommt wohl oder übel nicht mehr aus dem Kompensieren heraus. Er ist praktisch Tag und Nacht damit beschäftigt, den „Zustand" aufrechtzuerhalten, damit sie ihn ja nicht verlässt. Du kannst dir sicher vorstellen, dass so etwas viel Kraft kostet. Da auch die Angst nicht weniger wird, können irgendwann Aggression, Wut oder sogar Hass aufkommen, die er auf alles Weibliche projiziert. Die Folge davon ist, dass er Frauen fast nur noch mit Verachtung und Demütigungen zu bestrafen versucht.

Grundsätzlich haben beide die Chance, eine erfüllte Partnerbeziehung zu führen – nämlich indem sie immer wieder die innere Einstellung zu sich selbst und zur eigenen Geschlechtlichkeit hinterfragen und sich damit aussöhnen, da beide unbewusst nach ihrem abgetrennten oder abgewerteten Anteil suchen. Entdecken können sie diesen letztendlich aber nur in sich selbst, doch durch und mit dem anderen. Der Mann zum Beispiel, der sich nicht mit seiner weiblichen Seite aussöhnt, kann sich nicht als „richtiger" Mann wahrnehmen und sucht diesen Teil im Außen. Das Gleiche gilt umgekehrt für die Frau, die ihren männlichen Anteil annehmen sollte.

Eine „gesunde" Entwicklung von innerer Stärke und einem „guten" Körpergefühl ist geschlechtsunabhängig, weil sie mit Selbstverantwortung zu tun hat. Aber auch mit Mut, zu sich und seiner individuellen Wesensart zu stehen. Diese Offenheit ermöglicht nicht nur eine gestärkte Beziehung zu sich selbst, sondern auch eine erfülltere Sexualität.

Nur ein klares JA zu sich und seiner Einzigartigkeit führt zu einer entspannten Gelassenheit, die übrigens mehrheitlich als schön, erotisch und lebendig wahrgenommen wird. Jede Frau und jeder Mann ist so, wie sie oder er ist, vollkommen in Ordnung. Dies auch deshalb, weil niemand im Außen das Recht hat, besser zu wissen, was der andere zu wollen, zu tun und zu sein hat.

UMA LIVE-Praxis

Männlich, 51

Als ich etwa acht oder neun Jahre alt war, bemerkte ich an mir, dass mich Jungs weitaus mehr faszinierten als Mädchen. Die hatten dasselbe zwischen den Beinen hängen wie ich, Mädchen hatten das nicht. Außerdem konnte man mit Jungen besser spielen.

Bei uns zu Hause herrschte keine Scham. Vater und Mutter liefen nackt vom Badezimmer ins Schlafzimmer. Bemerkenswert und faszinierend dabei fand ich das Glied meines Vaters. Auch wenn mich das der Jungs in meiner Klasse mehr interessierte. Also versuchte ich durch List, diese nach dem Sportunterricht unter der Dusche, im Schulzimmer oder beim Spielen im Wald zu berühren. Was natürlich zu einigem Ärger und Krach führte. So wurde ich schnell als „Schwuler" betitelt. Da dies ja auch stimmte, machte mir das nichts aus. Ich war sogar etwas stolz, da es ja auch bestätigte, dass ich anders als die andern war. Meine Eltern kriegten wohl auch deshalb von alldem nichts mit.

Die Faszination des Gliedes war so stark, dass ich an Literatur und Bildern alles verschlang, was mir in die Hände kam. Dabei schenkte ich der Schule und dem Schulstoff nicht mehr wirklich große Aufmerksamkeit. Die Noten waren immer genügend und das reichte mir völlig aus. Dabei spürte ich erstmals, dass ich meine Eltern, insbesondere meinen Vater, enttäuschte. Ich war nicht so gut und so intelligent, wie sie es sich gewünscht und vorgestellt hatten. Meine Schwester war in der Schule immer die Beste und ich nur genügender Durchschnitt. Die Eltern haben mir dann auch erklärt, dass sie extra wegen uns Kindern in die Schweiz zurückgekommen seien, damit wir eine anständige Ausbildung bekommen könnten. Sie selber wären ja lieber in Afrika geblieben.

UMA:
Hier entstand das unbewusste Schuldgefühl, dass seine Eltern wegen der Kinder zurück in die Schweiz gingen.

Mein Vater wendete sich mehr und mehr meiner Schwester zu und war stolz auf sie. Es war meine Mutter, die sich schützend vor mich stellte, wenn sich mein Vater wieder einmal wegen meiner nur genügenden Leistungen Luft machen musste. Es hieß dann immer: „Streng dich mehr an! Lerne mehr!" Mich nervte das nur, worauf ich natürlich noch weniger für die Schule tat.

Meine Mutter kam nach dem Krieg aus Österreich in die Schweiz. Sie war eine starke Frau und unterhielt ihr eigenes Friseurgeschäft. Sie war freiheitsliebend und weltoffen. Als sie meinen Vater kennen- und lieben lernte, gab sie sich vollkommen auf, denn mein Vater war ein Patriarch und Diktator der alten Schule. Bei ihm hieß es, die Frau gehört hinter den Herd und hat sich um die Kinder und den Haushalt zu kümmern und sonst gar nichts. Was er sagte, war Gesetz und da gab es nichts zu rütteln. Er duldete auch keine Widerrede, geschweige denn Kritik an seiner Person. An diesem Verhalten zerbrach meine Mutter.

UMA:
Kinder stärken immer unbewusst den schwächeren Elternteil und lehnen ihn deshalb auch gleichzeitig ab. Durch sein Protestverhalten schwächt er seinen Vater (männliches Prinzip) und glaubt, damit seine Mutter zu stärken. Gleichzeitig verurteilt er sie jedoch für ihre Schwäche (Mutter – weibliches Prinzip).

Während meiner Schulzeit habe ich mich so durchs Leben gemausert. Das Einzige wirklich interessante waren die Jungs. Allerdings wollten diejenigen, die mich interessierten, nichts von mir wissen, denn das waren die starken, kräftigen, frechen Macho-Jungs. Diejenigen, die mich wollten, wollte ich nicht. Denn das waren die weichen, zarten, feinen und zerbrechlichen Jünglinge und mit denen konnte ich rein gar nichts anfangen. Ich war ja schließlich selbst so einer. Ein lieber, braver, angepasster Bub eben, der zu Hause auch nur kuschte.

UMA:
Hier sieht man seine geschlechtliche Identitätslosigkeit. Er bewertet beide Aspekte und sucht gleichzeitig unbewusst danach.

In dieser Zeit entfernte ich mich innerlich immer mehr von meinem Vater. Dies brachte ich zum Ausdruck, indem ich keine Lust mehr hatte, ihm einen Gutenachtkuss zu geben oder dergleichen Nähe zu zeigen. Ich fühlte schon, dass ihn dies schmerzte. Ich wusste aber auch, dass er das weder sagen noch darüber sprechen würde. Dies wiederum veranlasste mich, ihn noch mehr abzulehnen und zu verachten. Dazu kam noch, wie er sich über Schwule äußerte. Bei Aussagen wie „das ist doch Abschaum“ oder „solche Sauhunde“ dachte ich bei mir jeweils: Wenn der wüsste, dass ich auch „so einer“ bin!

Für meine Mutter schien dies normaler zu sein. Als ehemalige Friseurin arbeitete sie früher immer mit „solchen“ zusammen.

Mit 16 fing ich eine Lehre als Kaufmann an. Als ich dann die Abschlussprüfung nicht schaffte, war dies ein weiterer Hammer für meinen Vater. Nun hatte er die Bestätigung, dass ich ein Nichts bin, dass ich nichts kann und dass aus mir nie was werden würde. Er hatte mir dies ja auch jahrelang vorgehalten, weil ich schon in der Schule nur genügender Durchschnitt gewesen war.

UMA:
Auch er hatte seine Bestätigung. Sein ihm nicht bewusster Protest – dem patriarchalen Männlichen gegenüber – hat funktioniert.

Irgendwann zwischen 19 und 20, als ich bereits eine eigene Wohnung hatte, rief ich einmal zu Hause an. Ich wollte meinen Eltern telefonisch erklären, dass ich schwul bin. Nachdem ich es gegenüber meiner Mutter rausgebracht hatte, wurde der Telefonhörer schweigend aufgelegt. Daraufhin hörte ich fast ein Jahr lang nichts mehr von meinen Eltern. Doch auch ich habe mich in dieser Zeit nicht gemeldet.

Nach dem Militärdienst habe ich mich mit verschiedenen Jobs, Affären und Drogen durchs Leben treiben lassen – irgendwo im Hintergrund wissend, dass es doch noch etwas mehr im Leben geben müsste. Da ich mich jedoch als Looser-Typ fühlte, dachte ich, dass ich wohl kaum Anspruch auf Mehr hätte.

Mein Vater starb an Magen-Darm-Krebs als ich 22 Jahre alt war. Meine Mutter fand nach seinem Tod nicht mehr ins Leben zurück. Sie hat sich zwei Jahre später, nach etlichen Klinikaufenthalten – mit schizophrenen und paranoiden Verhaltensauffälligkeiten – das Leben genommen, indem sie sich von einer Brücke stürzte. Irgendwie fühlte ich mich nach dem Tod der beiden erleichtert und frei. Was für eine Illusion das war, weiß ich erst heute.

UMA:
Das emotionale Erbe der Eltern lebt in ihm unbewusst weiter. Dadurch, dass er seine Männlichkeit (Vater) nicht angenommen und seine Weiblichkeit verurteilt hat, ist er nicht in der Lage, eine eigene Identität zu entwickeln. Sein Vater, der sehr patriarchal auftrat, hat ihn immer wieder von der Männlichkeit entfernt. Dies, indem im Sohn der Entscheid geweckt wurde, „wie mein Vater will ich keinesfalls werden". Also blieb ihm einzig das weibliche Prinzip, das er dann aber auch abwertete.

Es ist erst möglich, seine eigene Geschlechtlichkeit anzunehmen, wenn beide Anteile in einem bewertungsfrei akzeptiert werden. Dabei spielt es keine Rolle, ob man äußerlich ein Mann und innerlich eine Frau ist. Beide Anteile wollen genau so anerkannt werden, wie sie sind.

Das würde heißen, dass ein schwuler Mann, ein Mann ist und bleibt. Er sollte dabei seine männlichen Aspekte weder verleugnen noch bewerten, denn in seiner Homosexualität braucht er das männliche, aktive Prinzip, um zu seiner Andersartigkeit stehen zu können. Trennt er diesen Teil von sich ab, ist er auf der Suche danach und wird in einer gleichgeschlechtlichen Partnerschaft immer der Suchende und damit der Abhängige sein und bleiben.

Es ist also nicht anders als in einer heterosexuellen Beziehung. Auch hier gilt: Alles was ich an meiner eigenen Geschlechtlichkeit ablehne, muss ich kompensieren und stärke gleichzeitig den anderen Teil. Wenn also ein Mann seine weibliche Seite abwertet, stärkt er unbewusst seine männliche Seite. Diese nimmt nun den frei gewordenen Raum in Anspruch, weil das Weibliche zurückgedrängt wird. Sehr oft kompensiert dies ein Mann mit übertriebenen Ansprüchen an sich und andere und setzt damit unbewusst seine Leistungsmesslatte zu hoch an. Um sich bestätigt zu bekommen, hetzt er dann wie ein Windhund der Wurst hinterher: „Was bin ich doch für ein toller Mann!"

Bewertet andererseits ein Mann seine männlichen Aspekte als „nicht gut", stärkt er damit automatisch seine weibliche Seite. Auch hier wird der frei gewordene Raum durch den vermeintlich bevorzugten Anteil eingenommen. Wenn also das Weibliche überwiegt, bringt das einen Mann mehrheitlich in die Reaktion statt in die Aktion. Die unvermeidliche Suche im Außen treibt ihn damit in die Abhängigkeit von männlichen Männern und Frauen, die ihm das geben sollen, was er sich selbst aus der Bewertung heraus verweigert.

Es ist also egal, welches Lebensmodell du für dich wählst, es sollten lediglich beide Anteile gleichwertig in deinem Bewusstsein auftreten. Alles, was du an dir bewertest und verurteilst, fehlt dir irgendwann zu deiner Wahrheit, was zur Folge haben kann, dass du im Außen nach diesem fehlenden Teil von dir suchen wirst.

Das System
Beziehung

5 Identitätslosigkeit in der Kompensation

Kann eine Vorstellung von etwas jemals die „Realität“ ersetzen? Leider NEIN! Ich sage deshalb leider, weil genau das im alltäglichen Leben von den meisten Menschen versucht wird. Das heißt, was im Kopf/Verstand abläuft, wird mit der Wirklichkeit verwechselt. Echte Erfahrungen kannst du jedoch nur auf der emotionalen Ebene machen. Da Erfahrungen umgangssprachlich allerdings meist negativ und damit als schmerzhaft bewertet werden, ist der Versuch, Erfahrungen vermeiden zu wollen, sehr menschlich. Sogar wenn die Aus-wirkungen auf lange Sicht sehr unmenschlich sind. Du beraubst dich mit einer Lebens-Vermeidungs-Taktik nicht nur dir selbst, sondern auch deiner Lebendigkeit, die ausgedrückt und gefühlt werden will.

Im Prozess von Verdrängen und Unterdrücken der eigenen Lebensenergie, der eigenen individuellen Wahrheit und Essenz, wird verlernt, was es bedeutet, sich eine eigene Identität zuzulegen. Doch was ist Identität und wie stellt sich eine gesunde Identität dar? Um dies zu beschreiben, passt das Wort „Souveränität“ am besten. Eine natürliche Souveränität zeigt sich, wenn der Anspruch der Persönlichkeit nicht mehr darauf ausgelegt ist, „gefallen zu müssen“. Dabei ist nicht das trotzige Verhalten gemeint, das sich mit geballter Faust im Sack über andere hinwegsetzt, wie: „Dann findest du mich halt blöd, mir doch egal ...“ Es geht schlicht und einfach darum, sich des eigenen Wertes bewusst zu sein und für sich einzustehen, statt gegen etwas zu sein.

Sobald du dich als Apfelbaum inmitten einer Pflaumenbaumplantage verloren und falsch fühlst, bist du den kompensatorischen Rattenfängerangeboten in der Welt praktisch wehrlos ausgeliefert. Du bist spätestens in diesem Stadium der negativen Bewertung deines Wesens dabei, dich von dir selbst zu trennen. Mit dem Glauben „ich bin nicht in Ordnung" bist du strategisch bereits in der Kompensation im Außen. Durch diesen unbewussten Entzug deiner Selbstachtung ist es nun ein Leichtes, sich irgendeine Sucht zuzulegen, die zu Beginn durchaus über den „Liebeskummer" wegen des Betrugs am eigenen Herzen hinwegtrösten kann. Kompensationen, die zu Süchten werden – also zu etwas, womit man einfach nicht aufhören kann – können dir zum einen ermöglichen, dich wieder zu fühlen oder eben gewisse Gefühle nicht fühlen zu müssen. Doch die angewendeten Suchtkonzepte fliegen auf Dauer als oberflächliche Bausanierungen auf, womit der Selbstverurteilung neues Futter zugeführt wird. Das Gefühl der Unzulänglichkeit kann nun durch die Sucht noch intensiver bestätigt werden. Dabei spielt es absolut keine Rolle, welcher Sucht man „erliegt". Denn wer sich einmal klarmachen konnte, dass er/sie im Grunde einfach an der Sehn-sucht nach sich selbst und der eigenen Vollständigkeit „leidet", wird auch seinen Kompensationssüchten bewusster gegenübertreten können. Die damit aufgedeckten Mechanismen dürften einer Kehrtwendung zu sich selbst und nach innen weichen, aber erst muss man wirklich genug vom eigenen Leidensdrama haben, das seine Reize durchaus auf hohem Niveau ausspielt.

- Entdeckst du bei dir Gewohnheiten, mit denen du einfach nicht aufhören kannst/willst?
- Was gewinnst du, wenn du dich weiter an deine Abhängigkeiten klammerst?

UMA LIVE-Praxis

Weiblich, 39

Ich war nicht gut in der Schule.

UMA:
Bereits diese Aussage „ich bin nicht gut" prägt ihr gesamtes Bewusstsein.

Nur mit knapper Not kam ich in der Klasse mit. In der dritten und vierten Klasse hatten wir eine junge Lehrerin, die sehr ehrgeizig möglichst viele Kinder von der Primarstufe in die Sekundarklasse bringen wollte. Das war für uns schwächeren Schüler ganz schwierig, weil ihr Augenmerk auf den guten Schülern lag und praktisch nur sie gefördert wurden.

Ich gehörte zu den schlechten Schülern und hatte vor allem im Deutschunterricht riesige Probleme. Meistens verstand ich nur „Bahnhof", wenn die Lehrerin etwas erklärte. Nachfragen traute ich mich nicht, weil sie mich nicht so mochte. Bei Diktaten hatte ich nie eine Chance mitzukommen, da sie immer ganz schnell diktierte. Nach den ersten paar Sätzen wusste ich schon nicht mehr, was sie gesagt hatte. Außerdem waren die paar Wörter, die ich aufschreiben konnte, nicht lesbar, weil sie so falsch geschrieben waren. Es kam so weit, dass sie meine Diktate nicht einmal mehr korrigierte. Lesen konnte ich auch nicht gut und wenn ich dann noch laut vorlesen musste, kam von der Lehrerin nur: „Das ist wieder typisch für dich, du hast wieder nicht gelernt." Eine Blamage mehr vor der gesamten Klasse.

UMA:
Warum wohl hatte sie genau diese Lehrerin? Sie hatte wenige

Chancen, sich in der Kindheit ein gesundes Ego anzueignen, war sie doch immer damit beschäftigt, Schadensbegrenzung zu betreiben – in der Schule und zu Hause. Sie glaubte von Anfang an, dass sie dumm, faul, nicht in Ordnung und überhaupt nicht würdig sei.

Etwa in der Mitte der vierten Klasse las meine Mutter einen Artikel über Legasthenie und hat mich daraufhin vom Schulpsychologen testen lassen. Ich war also Legasthenikerin und konnte mir deshalb Worte nur als Form oder Bild einprägen. Nur, wenn ich das vorher Gesehene gleich „zeichnen" konnte, sah es wie ein Wort aus. Den Sinn des Wortes hatte ich allerdings nicht gelernt und hatte deshalb nur über das Hören „gelernt". Ich saß praktisch immer drei Stunden am Küchentisch, um zu lernen, was eigentlich eher einem Auswendiglernen gleichkam. Ich musste wohl wirklich dumm sein, denn alle anderen waren gut. Nur ich musste mich dermaßen anstrengen – und wenn meine Mami die Note sah ... Ich versuchte dann immer, es ihr erst zu sagen, wenn mein Vater auch da war. Dann war die Gefahr kleiner, dass sie mich schlug.

An einem Morgen, in einer so verhassten Deutschstunde, erklärte uns die Lehrerin, wie die Trennregel für ck geht – dass aus ck beim Trennen k-k wird. Sie verteilte uns entsprechende Arbeitsblätter, die jeder für sich ausfüllen sollte und dann alle gemeinsam korrigieren würden. Mir war diese Regel irgendwie auf Anhieb klar und ich freute mich sehr, dass ich für einmal etwas wirklich gut und auch so schnell verstand. Auch meine Lehrerin war überrascht über meine korrekte Antwort im Unterricht und ich freute mich riesig. „Ich kann es, ich kann es ...", dachte ich ganz aufgeregt und hatte das Gefühl, dass jetzt endlich alles gut wird. Als Hausaufgabe gab es dann weitere Arbeitsblätter zur ck-Regel. Auf dem Nachhauseweg freute ich mich immer noch und dachte, dass ich diesmal meine Hausaufgaben sicher ganz schnell gemacht hätte und anschließend bestimmt mit den anderen nach draußen spielen gehen dürfte.

UMA:
Endlich ein Erfolgsgefühl, wie lange lässt das wohl ihr Mangelbewusstsein zu?

Zu Hause in der Küche war es laut und Mutter war hektisch damit beschäftigt, das Mittagessen fertig zu kochen. „Du, mach den Tisch bereit und geh Minze holen im Garten für Tee. Und dann mach eine Salatsauce, den Salat musst du aber auch noch schneiden und waschen. Mach schnell, der Vater kommt gleich und will essen!" Der Vater kam und alle setzten sich an den Tisch. Ich musste servieren. Wenn alle geschöpft, jeder etwas zu trinken hatte und keiner mehr etwas vermisste, durfte auch ich mich zum Essen an den Tisch setzen. Fast immer passierte dann aber etwas, wenn ich endlich hätte essen können. Kaum hatte ich mich hingesetzt, befahl mir meine Mutter: „Steh auf und mach Kaffeewasser und Kaffee bereit, dein Vater muss schon bald wieder zur Arbeit!"

UMA:
Nicht sehr lange: Ihr Mangelbewusstsein „ich bin nicht gut" greift schon wieder, was sie mit Angepasstheit und Folgsamkeit kompensiert.

Tisch abräumen, Lebensmittel wegräumen, Geschirr abtrocknen – ein Mittagessen war vorbei. Jetzt hieß es Zähne putzen und ran an die Hausaufgaben. Wieder am Tisch sitzend begann ich zu schreiben und stellte mir schon vor, was ich dann draußen spielen würde. „Was machst du denn da? Das stimmt ja alles nicht!" Meine Mutter stand neben mir und sah auf mich herab. „Doch, das geht so, das haben wir heute in der Schule gelernt", sagte ich ganz leise und war mir dabei ganz sicher, dass ich recht hatte. „So ein Quatsch, das stimmt nicht, du hast bestimmt wieder geträumt und nicht aufgepasst, wie immer!", meinte meine Mutter gelangweilt, genervt. „Nein! Ich habe aufgepasst und die Lehrerin hat mir gesagt, dass es so gut ist", behauptete ich weiter. „Du lügst doch. Aber bitte, wenn du wieder eine schlechte Note haben willst ... Dann musst du wohl dieses Jahr noch einmal wiederholen ...", drohte sie.

UMA:
Keine Chance, ihre Ansicht durchzusetzen. Die Mutter benutzt sofort ihre Autorität, um sie mit der emotionalen Zange in die Schuld zu bringen. Ein Vorwurf wie „du lügst doch" reicht da völlig aus.

„Nein, ich will nicht in die andere Klasse, nie, nein!" Ich wurde noch leiser, ratloser und verzweifelter. „Dann musst du hören, was ich sage, und gehorchen, sonst ... Und ich sage, dass du es falsch machst. Ich radiere alles aus und dann machst du alles noch einmal von Anfang an." Sie radierte lächelnd und schob mir die Blätter wieder über den Tisch: „So, und nun überlege, wie es geht, und dann füllst du die Blätter noch einmal aus. Aber diesmal richtig, sonst muss ich noch einmal radieren." Ja, da saß ich nun ... „Wie denn jetzt, es war doch richtig. Oder hatte ich doch nicht richtig aufgepasst? Aber die Lehrerin meinte doch, dass ich recht hätte ... Hatte ich mir das nur eingebildet? Nein, ich glaube nicht. Oder doch? Aber wie muss ich denn jetzt ...?" Ich überlegte hin und her, wie es anders gehen könnte, aber es wollte mir nichts anderes einfallen. Also mussten meine Lösungen vor dem Radieren doch richtig gewesen sein.

UMA:
Ihr Mangel, nicht gut genug (dumm) zu sein, übernimmt die Macht. Was sie an sich zweifeln lässt, nicht an der Aussage der Mutter.

Trotzig füllte ich die Blätter nochmals genau gleich aus, wie beim ersten Mal. „Was soll das?! Ich habe dir doch gesagt, dass es so falsch ist", keifte meine Mutter. Mit all meinem Mut, den ich in diesem Moment finden konnte, schrie ich sie an: „Nein, so ist es richtig! Ich habe aufgepasst und das geht so! Aus ck wird beim Trennen k-k!" Sie schrie zurück: „Höre sofort auf, mich anzuschreien, sonst gehst du heute Abend ohne Abendessen ins Bett!" Dazu dachte ich nur, dass ich dort wenigstens meine Ruhe gehabt hätte. Meine Mutter nahm einen Stuhl und setzte sich neben mich, um aufzupassen, dass ich nun das Richtige falsch schrieb. Sie befahl mir, alle ck-Worte auch so zu trennen, nämlich c-k. „Schreib schöner, was soll denn der Haken wieder. Das kann ja niemand lesen. Gib mir das Blatt, das radiere ich aus und du schreibst es noch einmal!" Zwei Stunden später waren die beiden Blätter voll und alle Antworten nun richtig falsch. „So, jetzt habe ich dir geholfen, nun hilfst du mir im Haushalt!"

Am nächsten Tag in der Deutschstunde mussten wir alle die Hausaufgabenblätter abgeben. Als wir sie wieder zurückerhielten, sagte meine Lehrerin genervt und leicht verzweifelt zu mir: „Wieder so typisch für dich, du hast alles falsch gemacht. Keine einzige richtige Lösung! Du musst besser aufpassen und mitmachen! Ich erkläre es dir noch ein letztes Mal: Aus ck wird beim trennen k-k. Kannst du das verstehen?" Ich sagte kaum hörbar: „Ich weiß." Worauf meine Lehrerin herumschnellte mit: „Willst du mich ärgern?"

UMA:
Vor unserem persönlichen Kennenlernen schrieb sie mir folgende Zeilen: „... Ich fühlte, etwas läuft schief. Ich muss etwas tun, aber was? Nach Jahren, Jahrzehnten voller Mühe und Not wusste ich, wenn du so weitermachst, landest du noch einmal in der „Klinik". Nur, wo und wie biege ich in eine andere Richtung ab?"

Als sie zum ersten Mal bei mir war, brachte sie kaum ein Wort heraus und wenn doch, sprach sie nur sehr leise. Sie bekam immer einen dicken Kloß im Hals, der ihr kaum erlaubte, nur ein Wort auszusprechen.

Sie hatte resigniert und überall kam ihr Mangel entgegen, sei es im Beruf oder privat. Jeder benutzte sie und sie ließ es zu. Ihr Lebensmut und ihre Kraft waren völlig weg. Sie glaubte wirklich, dass sie nicht würdig wäre, hier zu sein. Sie würde den Menschen nur Qual und Ärger bringen.

Ich muss es hier so deutlich ausdrücken, da es nicht übertrieben ist. Sie gab sich keine Chance mehr, etwas verändern zu können. Durch die Erniedrigungen, die in ihrer Kindheit begonnen hatten, verlor sie sämtliches Vertrauen in ihre Existenz und glaubte auch nicht an ihre Daseinsberechtigung. Sie machte sich von vornherein klein und unterwarf sich jedem System. Ein gefundenes Fressen für jeden, der etwas von ihr wollte. Sie hatte das Schuldprinzip für sich gepachtet und glaubte tatsächlich, dass sie immer an allem schuld sei. Sie wurde dadurch ausgenutzt und benutzt, sei es vom Arbeitgeber, ihrem Freund, aber auch immer noch von ihrer eigenen Familie. Vor allem ihre Mutter hatte starke Macht über sie – und das von Anfang an, wie wir in ihrer Geschichte lesen können.

Wie soll und kann da ein kleines Wesen eine eigene Identität entwickeln und entfalten? Sie versuchte immer, sich anzupassen, nicht anzuecken und nichts falsch zu machen. Das war ein Lebensverhinderungsprogramm par excellence. Sie hatte nie ein Gefühl für sich selbst und Emotionen konnte sie nicht mehr zeigen. Sie wollte es allen recht machen und vergaß darüber sich selbst.

- Wenn ein Kind kritisiert wird, lernt es zu verurteilen.

- Wenn ein Kind verspottet wird, lernt es, schüchtern zu sein.
- Wenn ein Kind beschämt wird, lernt es, sich schuldig zu fühlen.

Sie hatte keine Beziehung zu sich selbst und damit auch keine eigene individuelle Identität. Ihre Identität war das Opfer, was auch ihre Droge war, um sich selbst jeden Tag in ihren Mustern „ich bin blöd, dumm, nichts wert und ein Nichts" über das Außen bestätigen zu lassen. Wenn man an dem Punkt „of no return" angekommen ist, ist auch die Kraft weg, es wieder nach „oben" zu schaffen.
Erst, wenn der Frosch ganz unten an der Leiter angekommen ist, findet er wieder den Willen und damit die Kraft, erneut nach oben zu klettern.

Sie hat es geschafft. Sie hat ihre ganze Lebensgeschichte – und glaube mir, das hier war die harmloseste ihrer Geschichten – in ihre eigene Verantwortung genommen. Sie hat sich mit sich selbst auseinandergesetzt und dabei gelernt, sich auszudrücken, sich nicht mehr benutzen zu lassen, um in ihrem Leben anzukommen. Sie weiß heute ganz genau, was sie will und was nicht. Sie lernte, Grenzen zu setzen.

Ihr Erfahrungsbericht:

Ich lernte zuerst einmal, über meine Erlebnisse zu reden, womit der Prozess anfing. Nach und nach schälte sich heraus, was so lange verborgen war. Ich spürte die Macht des Egos, die Schuld und den Hass. Man bot mir die Sichtweise an, dass wir unsere Welt selber aussuchen und gestalten. Wie wir nur allzu schnell den anderen die Verantwortung für alles geben, wie unser Ego/Ich uns unbewusst beherrscht und wie sehr wir im Widerstand mit uns selber sind. Es war nicht einfach für mich. Doch ich wollte es und bin drangeblieben. Ich merkte, dass es noch etwas anderes gibt als das, was ich bis jetzt erfahren habe. So war es auch nicht erstaunlich, dass ich mit Menschen umgeben war, die mir meine Muster bestätigten. Ja, bestätigen mussten, damit ich fühlen konnte, wie ich mich in die Abhängigkeiten dieser äußeren Bestätigung flüchtete. Dabei suchte ich doch nur mich selbst ...

Heute bin ich aufmerksamer, höre und sehe genauer hin und muss oft lächeln, wenn ich die Muster und deren Bestätigungen bei anderen und mir selber erkennen kann. Ich könnte ja nun eingreifen und versuchen, den anderen ihre Muster zu erklären. Nur, wer bin ich denn, um zu wissen, was für andere gut ist? Die Verantwortung für mich und mein Leben reicht da voll und ganz, denn da fühle ich, was jetzt gut für mich ist – ohne werten zu wollen. **Etwas, was sich ganz konkret verändert hat: Ich bin mir wertvoller geworden ...**

Die Flucht in Alltagssüchte

Flucht – Suche – Sucht, das scheint der Kreislauf zu sein, unter dessen Bann praktisch jeder einmal steht:

- **Flucht** vor sich selbst, weil man sich für „nicht in Ordnung" hält,
- unbewusste **Suche** nach sich selbst, weil abgeurteilte Wesensanteile ersetzt werden müssen,
- **Sucht**, wenn man mit dem „Sich-verbessern-Müssen" nicht aufhören kann.

Eine Kompensation mit irgendeiner Sucht entsteht demzufolge eigentlich nur, weil man auf dem Weg der Suche zu früh haltgemacht hat oder aus Angst zu schnell abgebogen ist. Da hinein spielt die große Furcht, entweder nichts „Brauchbares" zu finden, oder, noch schlimmer, man befürchtet, dass etwas gefunden werden könnte, das einem überhaupt nicht gefällt. Auf Ersatzebenen stecken zu bleiben bedeutet auch, dass das oberste Ziel von Einheit und Einssein als unerreichbar eingeschätzt wird. Der vermeintlich einfachere Weg, seinen Ängsten zu entfliehen, führt dann zu gefährlichen Abkürzungsversuchen, die sich in irgendeiner Form von Sucht widerspiegeln können. Dass ein Ersatz, welcher Art auch immer, längerfristig nicht befriedigen kann, fällt dann meist erst auf, wenn eine Gewohnheit als lästig und als Mühseligkeit empfunden wird. Genau da könnte der eingeschlagene Weg als Abweg entlarvt werden.

Was meinst du? Weshalb verlassen die meisten Süchtigen auch nach der Entdeckung ihres Selbstbetruges die eingeschlagene Straße nicht? Der Hauptgrund ist in der fehlenden Beziehung zu sich selbst zu suchen. Die daraus entstehende Identitätslosigkeit steigert die ohnehin schon sehr präsente Angst davor, neue Erfahrungen zu machen. Auch eine mangelnde Frustrationstoleranz und das nicht gelernte Verarbeiten von Niederlagen und Zurückweisungen verleitet allzu schnell zu einer möglichst schmerzlosen Handlung, die in die äußere Kompensation führen muss. Dazu kommen noch eine gehörige Portion Bequemlichkeit und ein sehr hoher Anspruch an das eigne Wohlergehen, was einer kindlichen oder sogar kindischen Lebensauffassung gleichkommt. Die bereits viel erwähnte Sehnsucht nach dem Seelenheil wird also der Angst geopfert.

- Ist dir klar, was sich hinter deiner „Sehn-Sucht" versteckt?
- Könnte es sich tatsächlich um deine Liebe zu dir selbst handeln, die du mit allen Mitteln zu verhindern versuchst?

Vielleicht hast du bereits erkannt, dass das Ersatzmittel deiner

Sucht austauschbar ist. Denn im Grunde bist du weder süchtig nach Zigaretten, Alkohol, Arbeit, Fernsehen, Konsumgütern, Sex, Sport oder nach irgendeiner anderen Befriedigung oder Bestrafung. Ursprünglich möchtest du nichts anderes als dich fühlen. Die Anziehung deiner persönlichen Gewohnheiten ist jedoch so stark, dass du glaubst, dich gänzlich zu verlieren, sobald du aufhörst, nach ihnen zu leben. Dabei ist es sogar egal, wie herrisch sie dein Leben beeinflussen mögen.

Fast alltägliche Abhängigkeiten

Ich mache immer wieder die Erfahrung, dass nur ein starkes Ego über ein großes Suchtpotenzial verfügt. Fragst du dich jetzt, wie ein starkes Ego an Identitätslosigkeit leiden kann? Ganz einfach: Dein Ego bzw. deine Persönlichkeit definiert sich nur über äußere Umstände. Doch da auch diese Umstände von dir erschaffen werden, lebst du in endloser Bezugnahme mit der äußeren Welt und bewegst dich dabei automatisch immer weiter von dir weg. Diese größte Sucht von allen, die Beziehungssucht, ist so stark, weil dein Ego-Verstand bei Entzug auch nur eines Bezuges seinen Tod befürchtet. Er findet sich ohne seine Beziehungen und Abhängigkeiten einfach nicht mehr zurecht. Deshalb bist du eigentlich auch nur süchtig nach deiner Persönlichkeit und strebst ununterbrochen nach deren Optimierung. Zumindest solange du an der Vermutung festhältst, dass mit dir etwas nicht in Ordnung sei.

Der Kampf deines Egos um seine Sucht beginnt bereits mit der Ankündigung eines möglichen Entzuges „seines Stoffes". Vielleicht hast du schon einmal den Ausdruck „cold turkey" gehört. Er beschreibt ziemlich deutlich die Reaktion eines Menschen, dem plötzlich und vollständig sein Suchtmittel – meist Rauschgift oder Ähnliches – entzogen wird. Die unmittelbaren körperlichen Auswirkungen in einer Entziehungskur sind aber nicht nur bei „harten" Drogen wahrnehmbar.

Die Stärke des Verlangens nach Befriedigung, Schmerzlinderung und Flucht vor sich selbst, beeinflusst nicht nur die „Wahl" des Suchtstoffes, sondern auch deren Dosis. Letzteres scheint dann auch das Einzige zu sein, das sich während eines Abhängigkeitsverlaufes wirklich verändert. Eine Dosierung muss nämlich immer wieder gesteigert werden, da die Sehnsucht nach sich selbst immer wieder durchbricht und die angestrebte Ablenkung zunichte macht.

- Bist du dir deiner Abhängigkeiten und Süchte bewusst?
- Wie sehr brauchst du sie?

Im Folgenden findest du eine eingeschränkte Auswahl von Alltagssüchten, die oft als solche gar nicht wahrgenommen werden. Es sei denn, die Abhängigkeit beginnt die Funktionalität im Alltag zu beeinträchtigen. Der Teufelskreis einer massiven Identitätslosigkeit und einer überwältigenden Sinnkrise gibt der „Suche" nach Sinn immer wieder neuen Antrieb.

Bei der Auswahl der hier beschriebenen Abhängigkeiten habe ich mich deshalb beschränkt, weil es bereits sehr gute Literatur darüber gibt. Es geht mir einfach darum, dich zu sensibilisieren und eine vielleicht etwas andere Sichtweise auf die Wirkungen und dich selbst zu ermöglichen.

Hinweisen möchte ich auch darauf, dass es sich – vor allem bei den möglichen Prägungen und der unbewussten Suche – um pauschale Aussagen handelt. Es bedarf immer der individuellen Betrachtung!

Alkoholsucht (Drogensucht)

Mit Alkohol und Drogen wird versucht, die vermeintlich harte Welt weicher zu machen oder sie wenigstens so erscheinen zu lassen. Man möchte sich selbst rund und weich anfühlen. Es handelt sich hier nicht nur um eine Flucht in den Rausch, sondern man versucht, auch Unangenehmes herunterzuspülen. Die Sehnsucht nach menschlicher Nähe und einer konfliktfreien, heilen Welt geht nur durch anstrengende Konfliktvermeidung. Auch deshalb wird der Vollrausch der Ekstase vorgezogen. Resultat: ein Ausdruck von Schwäche, Mutlosigkeit und Sinnlosigkeit. Das Saugen an der Flasche gibt ein Geborgenheitsgefühl (Säuglingen) und kann zu Impotenz führen.

Mögliche Prägung:	▪ Ablehnung des weiblichen Pols
Unbewusste Suche nach:	▪ Geborgenheit im geistigen und sozialen Bereich

UMA LIVE

UMA LIVE-Praxis

Männlich, 55

Meine Mutter habe ich immer als sehr besorgt wahrgenommen. Sie war ständig wegen irgendetwas in Sorge. Erst mit ungefähr acht Jahren sah ich den Grund im ständigen Alkoholkonsum meines Vaters und in den dauernden finanziellen Sorgen. Rückblickend kann ich mich an einige tief greifende Erlebnisse erinnern, welche mich prägten.

Mein Vater war ein gut aussehender, starker Mann und wusste sich immer in Szene zu setzen. Ich glaube, er hat sehr wohl um sein gutes Aussehen gewusst, suchte aber dennoch stets eine Bestätigung dafür.

UMA:
Er glaubte, sein Vater sei stark. Das, was ihm sein Vater aber reflektierte, war pure Kompensation seines mangelnden Selbstwertes. Er hatte keine männliche Identität und suchte diese im Alkohol.

Ich erinnere mich hier an eine Situation, welche mich tief berührt hat und mir die Verzweiflung und Trauer meiner Mutter nahebrachte. Mein Vater war wieder einmal in den Beizen (Anmerkung der Autorin: Beizen sind Kneipen) unterwegs und wie ich wusste, ging auch das neu aufgebaute Geschäft schlecht. Meine Mutter hatte sich im Zimmer verschanzt und uns mitgeteilt, dass sie gehen wolle. Ich wusste nicht genau, was sie damit meinte, aber ich nahm wahr, dass etwas nicht stimmte. Sie teilte uns mit, dass sie nicht mehr leben wollte und sie hätte soeben Tabletten genommen. Es herrschte eine riesige Aufregung und in dem Moment kam auch mein Vater nach Hause. Er wirkte tief betroffen und hilflos und versicherte mir in einer Umarmung, nicht mehr zu trinken. Heute weiß ich, dass es für ihn damals unmöglich war aufzuhören.

UMA:
In dieser Familie lag die Macht bei der Mutter und ihrer Opferhaltung. Alle Familienmitglieder schauten zu ihr und verstärkten unbewusst damit ihr Leid. Er selbst bewertet unbewusst beide Elternteile und verurteilte damit zum einen das Männliche, das bei ihm unbewusst als leistungsorientiert, stark und machomäßig angelegt war. Das Weibliche wiederum hatte er als vermeintlich schwach, aber trotzdem als Macht (Muttermacht) abgespeichert.

Um mein Ego zu bestätigen und zu stärken, versuchte ich immer, zu den Besten zu gehören. Dies gelang mir als solches nur im Sport. Beim ganzen Rest war ich eher im oberen Mittelfeld anzutreffen. Dies genügte mir aber schon, um meinem Vater zu zeigen, was für ein toller Typ ich bin. Ich hatte nämlich das Gefühl, dass er einen Macher als Sohn haben wollte.

UMA:
Er will seinem Vater zeigen, dass er auch ein Mann ist, doch unbewusst will er ihn schwächen, indem er besser, stärker und erfolgreicher wird, womit er seine Mutter zu stärken versucht. Er überkompensiert seinen männlichen Anteil und sucht ihn deswegen, weil es nicht seine eigene männliche Identität ist. Er lebt diesen männlichen Teil nur für seinen Vater. Seine eigenen Bedürfnisse nimmt er in diesem Zustand nicht war – abgelenkt durch die Suche im Außen.

Dauernd nach Erfahrungen lechzend, machte ich meine ersten sexuellen Erfahrungen. Man könnte sagen, dass ich hinter jedem Rock her war. Meine Chancen waren sehr gut, da ich das gute Aussehen von meinem Vater geerbt hatte, welcher dem Weiblichen ebenfalls sehr zugetan war.

UMA:
Jetzt beginnt die Suche auf der Bühne der Sexualität. Durch seine Bedürftigkeit begibt er sich hier noch mehr in die Abhängigkeit. Denn ihm fehlt sein abgewertetes, weibliches Wesen.

Ich heiratete mit 21. Auch hier war ich wieder in die Situation geraten, die Erwartungen anderer zu erfüllen. Sieben Monate später ließ ich mich jedoch bereits wieder scheiden. Der Grund war natürlich eine andere. Bis ich 26 war, habe ich mich turbulent in diversen weiblichen Energien ausgetobt.

UMA:
Dagegen kann man nichts sagen, denn die beste Selbsterkenntnis zeigt sich auf der sexuellen Ebene – wenn man sie nicht bewertet.

Dann kam mein Vater mit seinem lange gehegten Wunsch, nämlich mit seinen Söhnen ein Geschäft zu haben. Wir gründeten zusammen eine Firma und führten diese in ein profitables Unternehmen. So hatten Vater und Sohn die Gelegenheit, sich auszutoben und das Ego zu pflegen.

Bald darauf lernte ich meine heutige Frau kennen und lieben. Mit dem ersten Kind kam allerdings schnell der Entschluss meiner Frau, nur noch Mutter sein zu wollen und sich nur noch um das Kind zu kümmern. In dieser Zeit fing ich an, immer später nach Hause zu kommen und sehr viel Alkohol zu trinken. Es war für mich schwierig, mit dem Erfolg umzugehen. Immer intensiver war ich auf der Suche nach dem nächsten Kick. Für mein Umfeld hatte ich alles: eine schöne Frau, ein Kind, ein Haus, Erfolg im Beruf ..., doch mein Alkoholkonsum wurde immer stärker.

UMA:
Da er ja nie eine eigene männliche Identität aufgebaut hatte, sondern die seines Vaters übernahm, lebte er auch das Leben seines Vaters. Dies war ihm allerdings nicht bewusst. Seine Frau spiegelte ihm seine Mutter und so war der alte Zustand wiederhergestellt. Dadurch stärkte er seine Sucht und Suche – und seine Droge war der Alkohol. Damit glaubte er, zumindest für kurze Augenblicke, allem entfliehen zu können.

Ein paar Jahre ging alles gut, dann starb ganz unerwartet mein Vater. Auch wenn ich nach außen immer den Anschein erwecken konnte, ein cleverer und erfolgreicher Mann zu sein, im Innern empfand ich mich als armer Hund, der verzweifelt seiner Männlichkeit nachjagte und diese in diversen Etablissements zu finden hoffte. Ich entfernte mich mehr und mehr von meiner Familie und die Eskapaden wurden immer verrückter.

UMA:
Hier liest man, dass die Kompensation durch Erfolg, Sex und so weiter ausblieb. Er fühlt sich trotz äußerer Fassade nicht als der Mann, der er ist. Er denkt immer noch, er müsste Pflaumenbaum werden, weil Apfelbaum nicht „in" ist und um ihn herum nur Pflaumenbäume stehen. Das geschieht, wenn der Blick nur nach außen zu den anderen Dus geht.

Lange Zeit hatte ich keine Sexualität. Ich suchte weiterhin immer danach, weil ich dachte, dass sie mir die Nähe und Liebe geben kann, die ich so sehr vermisste. Doch welche Frau will schon mit einem besoffenen Mann ins Bett. Gleichzeitig wurden auch die finanziellen Sorgen immer größer, weil ich die Kohle immer anderswo ausgab, mehrheitlich für Alkohol und Frauen. Irgendwann verlor ich ganz die Kontrolle über mein Saufen und meine Umgebung und Freunde wurden darauf aufmerksam. Es kam der Punkt, dass meine Frau sich scheiden lassen wollte und ich endlich aufwachte.

UMA:
Auch hier die Androhung einer Konsequenz, wie damals bei seinem Vater, als sich die Mutter ein wenig drastischer äußerte. Das war der Weckruf. Doch auch wieder von außen ausgelöst, nicht aus seiner eigenen inneren Erkenntnis heraus.

Nach diversen Entzugstherapien und dem Beitritt zu den Anonymen Alkoholikern kam ich langsam, aber sicher wieder auf die Beine. Doch die Nähe zu meiner Frau war bis auf Weiteres nicht wiederherzustellen, weshalb ich auch mir selbst Vorwürfe machte.

UMA:
Das geht auch nicht, denn in seinen Augen hat er versagt. Er glaubt, schwach und kein Mann zu sein, den eine Frau begehren könnte. Die Erwartungen seiner Frau wird er nie erfüllen können, denn er erfüllt sich nicht einmal seine eigenen. Warum? Ganz einfach, weil er sie nicht kennt. Denn seine Beziehung und die Identität sind abhängig von äußeren Bestätigungen.

Da ich nun aber definitiv dem Alkohol fernbleiben wollte und auch meine Frau keine „Verwendung" für mich zu haben glaubte, musste ich Möglichkeiten finden, um mich abzulenken. Meine neue Abhängigkeit hieß dann schlussendlich Sport.

UMA:
Und wieder rein in eine Kompensation. Es kann wirklich sehr schwer sein, sich selbst auszuhalten.

Die Haltung meiner Frau mir gegenüber empfinde ich als schmerzliche Abwehr und Selbstschutz.

UMA:
Nun wird die Opferrolle (Mutter) aktiviert. Alles, was einem im Außen reflektiert wird, hat auch mit einem selbst zu tun, sonst könnte es gar nicht erkannt werden. Er ist im Abwehrverhalten sich selbst gegenüber, aus Schutz vor sich selbst. Seine Frau spiegelt es ihm nur.

Beim Betrachten meiner Geschichte, aber vor allem meiner Beziehung zu meiner Frau, erkenne ich erst jetzt die Zusammenhänge und Auswirkungen von früher gemachten Aussagen und Handlungen.

UMA:
Seine Alkoholsucht war nicht vordergründig in seiner Aufarbeitung

mit sich selbst, da es nur ein Symptom war und nicht die Ursache. Die Ursache ist sein nicht vorhandenes Selbstwertgefühl als Mann und die damit verbundene Suche nach einer Beziehung zu sich selbst.

In diesem Beispiel kann man die Beziehungssuche sehr gut erkennen: „Worauf kann ich mich beziehen, doch wohl nicht auf mich?" Also muss er kompensieren, sei es mit Sport, Alkohol oder Sex. Für ihn war wichtig, seine Vergangenheit anzunehmen, ohne sie zu bewerten, und sie da zu lassen, wo sie hingehört, nämlich in die Vergangenheit. Wenn ich meine Identität nur über das Außen beziehe, bin ich weit entfernt von mir und meiner eigenen Wahrheit. Er war bereit für diese Wahrheit und hat sich seinen inneren Dämonen gestellt. Keinen davon ist er losgeworden. Er hat aber gelernt, mit ihnen zu leben und sie nicht als seine Identität, sondern als Rollen zu sehen. Diese kann er nun bewusst für sich einsetzen.

Arbeits-, Leistungs- und Erfolgssucht

Hier wird das Gefühl „ich bin nicht gut genug" kompensiert, wobei es keine Rolle spielt, ob es um das Thema Männlichkeit oder Weiblichkeit geht. Das eigene Sein (Mann/Frau) kann nur über herausragende Leistungen, Fleiß und Erfolg definiert werden, ansonsten scheint diese Persönlichkeit ihre Existenzberechtigung einzubüßen. Die Sehnsucht nach dem angeblich nicht vorhandenen weiblichen/männlichen Teil – zu dem keine Beziehung aufgebaut werden konnte – wird durch die Suche im Außen kompensiert. Nun scheint man wenigstens etwas vorweisen zu können, auch wenn es sich dabei nur um außerordentlich viele Überstunden handelt. Diese kurzzeitige Bestätigung dient allerdings einzig dem Mangelbewusstsein, das wiederum die falsche Identität weiter prägt.

Mögliche Prägung: ▪ nicht gut genug sein, wertlos sein
Unbewusste Suche nach: ▪ Anerkennung über Leistung

UMA LIVE-Praxis

Weiblich, 48

Diagnose Burn-out oder einfach „leere Batterien" ...

Es fällt mir auch nach etlichen Monaten noch etwas schwer, über die Diagnose „leere Batterien" zu sprechen. Hauptsächlich deshalb, weil ich in der Vergangenheit die Leute mit Burn-out belächelt habe. Auf keinen Fall würde und wollte ich jemals zu diesem „Club" gehören, der inzwischen auch in meinem Bekanntenkreis keine Randgruppe mehr darstellte.

Wie auch immer, vor ein paar Monaten machte mein Körper einfach nicht mehr mit. Doch erst, als er mehrfach in sich zusammensackte, bekam ich Angst und suchte den Arzt auf. Eigentlich in guter Hoffnung, dass er mir für die körperlichen Fehlfunktionen ein gutes Mittelchen verschreiben würde. Tja, diese Hoffnung verwandelte sich sehr abrupt in Schock, als mir der Arzt anhand der Blutwerte „leere Batterien" attestierte. Mein Körper war offensichtlich nicht mehr in der Lage, mit dem Dauerbeschuss von Stresshormonen umzugehen, was zur Folge hatte, dass ich per sofort auf Arbeitsentzug gesetzt wurde. Ruhe, Schlaf und nur noch tun, was mir Spaß macht, waren die ärztlichen Anordnungen.

Es war schrecklich! Was zum Henker meinte mein Arzt mit: „Tun sie nur noch das, was Ihnen Freude und Spaß bereitet!"? Zum Glück hat in den ersten Wochen mein Körper viel Schlaf eingefordert. Somit wurde ich noch nicht so sehr mit quälenden Fragen konfrontiert. Doch als ich wieder einigermaßen aufrecht gehen konnte, stürzte mein bisheriges Leben auf mich ein ... Wie zum Teufel konnte es so weit kommen? Warum passiert das ausgerechnet mir, die anderen „stehen" doch noch alle? Wann hat das alles angefangen? Und vor allem: Wie komme ich bloß aus diesem Schlamassel wieder raus?

Dieser totale Widerstand gegen die Situation und gegen alles, was damit zusammenhing, führte mich in eine Kriegszone, die ich so niemals hatte kennenlernen wollen. Das Schuld-, aber vor allem das starke Schamgefühl gegenüber meiner Arbeitsstelle, meiner Familie und den Freunden zerrte mich in einen Rechtfertigungsmodus, der mich zwar anwiderte, aber praktisch der einzige Reflex auf die Angst darstellte, „was andere nun von mir denken könnten".

Nur langsam erschlossen sich mir – mit seeehr viel geduldiger Hilfe – die Gründe, weshalb ich es zum beschriebenen Zusammenbruch hatte kommen lassen können. Ich hatte mich mit der Rolle der pflichtbewussten, lieben aber taffen und erfolgreichen Arbeitsbiene identifiziert und mir meinen Wert nur über gute Leistungen und Erfolg geben können. Als ich dann vor Jahren anfing zu glauben, dass ich das Pensum in meinem Job nicht mehr zu meiner Zufriedenheit bewältigen könnte, fing die Verbissenheit an. Ich bildete mir ein, ungenügende Leistungen zu erbringen, was mich nur noch weiter anstachelte, mehr, aber vor allem besser zu arbeiten. Das bedingte nicht nur noch mehr Arbeit, mit noch mehr Überstunden, sondern auch dementsprechend mehr Fehler. Die Angst, „nicht bzw. nie genügen zu können", führte dann auch zu einer eher spärlichen Freizeit, in der das

Selbstzerfleischungs-Analyseprogramm einfach weiterlief. Wohl auch deshalb schluckte ich eigene Bedürfnisse einfach runter und konnte mich irgendwann gar nicht mehr an sie erinnern.

Heute bin ich dankbar für die unfreiwillige „Auszeit". Sie gibt mir die Chance, mich neu und anders kennenzulernen. Auch habe ich erkannt, dass es nur durch den Prozess geht. Mein ganzes Leben hatte ich damit verbracht, dieses „Step by Step"-Zeug auszulassen, um gleich am Ziel anzukommen. Auch meinen Körper habe ich schätzen gelernt und bin sehr froh, dass er nicht zu drastischeren Maßnahmen gegriffen hat, um meiner Flucht vor mir selbst ein Ende zu bereiten.

Ess-Fresssucht

Hier wird das starke Gefühl von „nicht vollständig sein", „nicht in Ordnung sein" damit kompensiert, dass man sich aufzufüllen versucht. Das Mangelbewusstsein verleitet dazu, sich mittels Essen „alles" einverleiben zu müssen, um wenigstens kurzfristig den Eindruck von „Eins sein" und Vollständigkeit empfinden zu können.

Mögliche Prägung:	▪ sehr ausgeprägtes Mangeldenken „ich bin unvollständig/nicht in Ordnung"
Unbewusste Suche nach:	▪ Bestätigung der Vollständigkeit

Habsucht und Gier

Die unbewusst empfundene innere Leere soll durch Besitz und Reichtum im Außen aufgefüllt werden. Hier sticht vor allem die emotionslose Haltung zu sich selbst heraus. Überkompensation von Habenwollen, alles raffen, ohne einen Nutzen davon zu haben. Verwandt mit Geiz und übertriebener Sparsamkeit. Gierig sein.

Mögliche Prägung: ▪ Emotionslosigkeit, kein Empfinden für sich, Leere
Unbewusste Suche nach: ▪ neuen emotionalen Erfahrungen, um sich zu fühlen

Informationssucht

Wissen ist Macht? Hier wird das Gefühl von Ohnmacht mit Wissen kompensiert, um wenigstens im Außen kompetent zu wirken, was innerlich wiederum zu einem Machtgefühl verhelfen soll. Kompensation von Ängsten, dumm und nicht gleichwertig zu sein. Der Bücherschrank ist voll, jede erstrebenswerte Wissensrichtung wird „abonniert", um angeblichen Mangel durch „ich weiß es" auszugleichen. Jede Art von Informationen scheint der Schlüssel zu Wohlstand, Einfluss und Macht zu sein.

Mögliche Prägung: ▪ Opfer und Ohnmachtsgefühle
Unbewusste Suche nach: ▪ Macht, Stärke und Weisheit über mehr Wissen

Kaufsucht

Bei einer Kaufsucht spielt es keine Rolle, ob die Dinge schlussendlich wirklich gebraucht werden. Die Artikel werden gehortet und bleiben in vielen Fällen originalverpackt. Hier wird der unbewusste Mangel, „nichts wert zu sein", durch uneingeschränktes Kaufen von Konsumgütern kompensiert. Die damit erhoffte Befriedigung oder Belohnung soll den Selbstwert steigern. Der Frauenanteil ist hier sehr hoch. Wie bei allen anderen stoffgebundenen Süchten kommt es auch hier auf die „Dosis" an, welche für eine empfundene Befriedigung immer wieder erhöht werden muss.

Mögliche Prägung:	▪ Minderwertigkeit
Unbewusste Suche nach:	▪ Selbstwert

Mediensucht

Bei der Mediensucht handelt sich um ein vielfach unerkanntes Suchtverhalten oder sie wird als „nicht so schlimm" eingestuft. Die Vielfalt und das übergroße Angebot an Informationen und Unterhaltung dienen eigentlich nur der Ablenkung von sich selbst. Diese Sucht ruft die ständige Absorption durch Medienkanäle in die äußere Welt – Internet, Computer allgemein, Handys, Fernsehen. Den Betroffenen ist es nicht mehr möglich, echte soziale Kontakte oder eine Partnerschaft zu pflegen. Außerdem wird oft auch das Bankkonto aufs Spiel gesetzt. Die bereits stark ausgeprägte Identitätslosigkeit wird durch die ausgefeilte „Realitätsflucht" auffällig. Selbstverständlich gibt es auch bei dieser Sucht individuelle Ursachen, doch die Fragen hier sind:

- Warum verleugne ich mich?
- Was will ich nicht sehen?
- Was will ich nicht wahrhaben?

Mögliche Prägung: ▪ Realitätsflucht, Bedürfnis nach Ablenkung
Unbewusste Suche nach: ▪ dem Gefühl für sich selbst

Pornosucht

Die Pornosucht muss unabhängig von der Sexsucht betrachtet werden. Die Abhängigkeit entsteht durch die Faszination am pornografischen Material selbst. Das Süchtigmachende daran ist die Eskalation und Desensibilisierung durch die Inhalte. Tabus fallen dadurch weg und die „Besuchsfrequenzen" müssen dauernd gesteigert werden. Gesellschaftlich geprägte Wertvorstellungen wie Moral lassen allerdings Ängste aufkommen und der aufgebaute Druck geht gegen die eigene Person. Innerer Druck sucht sich unweigerlich ein Ventil, da er nur schwer auszuhalten ist. Deshalb wird der Konsum von pornografischen Inhalten nur noch mehr gesteigert. Gerade die sexuellen Triebe sind die stärksten Kräfte, über die wir Menschen verfügen.

Mögliche Prägung: ▪ Abspaltung von natürlicher Sexualität, Moral
Unbewusste Suche nach: ▪ Entspannung und sexueller Würde

Sammelsucht (Messie)

Das Mangeldenken „ich bin nicht vollständig" wird mit der Suche nach Dingen kompensiert, die dann gehortet werden. Sich von gesammelten Gegenständen trennen zu müssen, wird als undenkbar empfunden und scheint unmöglich, da man damit sich selbst hergeben würde.

Mögliche Prägung: ▪ Verlustängste
Unbewusste Suche nach: ▪ Vollständigkeit über Festhalten

Schönheitssucht

Der Wunsch nach gutem Aussehen und attraktivem Auftreten ist speziell für die Frauen wichtig, die ihre Identität mit ihrer eigenen Weiblichkeit ablehnen. Bei Männern ist die Ursache gleich gelagert, wenn sie ihren männlichen Teil abwerten. Die selbst erschaffenen Schönheitsideale werden außerdem auf andere Menschen ausgedehnt, so auch auf den bestehenden oder potenziellen Partner. Die Sucht nach äußerer Makellosigkeit und Perfektion bestimmt die Einstellungen und Ansichten und hält dem Betroffenen einen oft „schicksalhaften" Lebensweg vor, der langfristig eigentlich nur die Schönheitsindustrie glücklich macht. Der latente Glaube, „nie (schön) genug zu sein", treibt immer weiter in operative Maßnahmen, welche oft in uferlose finanzielle Abhängigkeiten führen.

Mögliche Prägung: ▪ Angst, nicht dem Idealbild zu entsprechen
Unbewusste Suche nach: ▪ Makellosigkeit

Der Teufelskreis „Schönheitssucht" ist ein Paradebeispiel für die sogenannte Ich-Verbesserung, denn das Gefühl, „ich werde nie genügend sein", lässt sich nicht wegoperieren. Die Identifikation mit dem Mangel „ich bin niemand" muss genährt werden, da sonst das Alibi für eine weitere Operation nicht gerechtfertigt werden kann, was das Praxisbeispiel gleich im Anschluss aufzeigt.

Frauen, die sich nicht für attraktiv genug halten, um im evolutionären Sinn „locken" zu können, sind eher dazu geneigt, sich der regelmäßigen Tortur einer Schönheitsoperation zu unterziehen. Dass Attraktivität und Anziehung, aber auch das Abstoßen, in Wirklichkeit nichts mit der äußeren Erscheinung zu tun haben, können sie mit ihrem Mangelbewusstsein jedoch nicht vereinbaren. Zu sehr haben sie sich bereits auf ihr Äußeres reduziert. Ohne ihren persönlichen Maßstab für Schönheit und Makellosigkeit wären sie gewissermaßen niemand. Doch nur zur Erinnerung: Zwischenmenschliche Anziehung findet tatsächlich auf einer anderen Ebene statt.

Sehr selten treffe ich auf Frauen, die mit sich und ihrem Aussehen zufrieden sind. Dabei benutzen sie ihren Körper, um sich nicht in der Tiefe ihrer eigenen Existenz mit sich und den Mustern auseinandersetzen zu müssen. Viel einfacher erscheint da eine Spritze hier oder ein Absaugen dort, als eine radikale Eigenreflexion als Selbsterkenntnis zuzulassen. Verbesserung und Veränderung ist die Devise. Dabei geschieht doch durch Selbstreflexion auch eine Veränderung, nämlich ein Einstellungswechsel.

UMA LIVE-Praxis

Weiblich, 65

Eine Frau mittleren Alters kam vor Jahren mit Partnerschaftsproblemen zu mir in die Praxis. Sie erzählte, dass, wenn einmal ein Mann in ihrem Leben auftauchte, das Ganze nach kurzer Zeit schon wieder vorbei sei. Auf meine Frage, was aus ihrer Sicht der Grund dafür sein könnte, schoss es aus ihr heraus: „Ist doch klar, ich habe keine gute Figur! Wie kann ein Mann mich denn attraktiv finden mit diesem Aussehen und diesem Körper?"

Natürlich erklärte ich ihr, dass es um ihre eigene innere Einstellung zu ihr selbst gehe und nicht um das äußere Erscheinungsbild. Ich zählte meine ganze Palette auf, die du kennst und die ich hier nicht wiederholen muss, sondern nur kurz anführe: Wie kann dich im Außen jemand anderes attraktiv finden, wenn du es selbst nicht tust? Du hast dir den Körper gegeben, der genau passend ist für dich. Wie kannst du erwarten, dass dich jemand liebt, wenn du es selbst nicht tust? Und so weiter.

Sie war nicht abgeneigt, ihr Mangelbewusstsein zu hinterfragen und sich eine andere, neue Sichtweise einmal anzuschauen. Deshalb vereinbarten wir einen weiteren Termin. Doch was passierte? Sie lernte in der Zwischenzeit einen Mann kennen und sagte den Termin ab. Und da der neue Partner offensichtlich über das nötige Kleingeld verfügte, unterzog sie sich zuerst einmal einer Schönheitsoperation, wozu sie in eine anerkannte Schönheitsklinik fuhr. **Die Operation brachte den erwünschten, äußeren Erfolg, was sie dazu ermutigte, gleich weiterzumachen. Spätestens jetzt wurde die Suche zur Sucht.**

Erst wurde den Oberschenkeln Fett abgesaugt. Daraufhin folgte eine operative Gesichtsstraffung. Dann ging es ans Bauchfettabsaugen, woraufhin die überschüssige Haut gestrafft werden musste. Das alles passierte innerhalb weniger Jahren und die fixe Idee, dass sie diese Operationen brauchte, um sich gut zu fühlen, überwog jeden gesundheitlichen Aspekt. Kaum war eine Operation erfolgreich abgeheilt, überlegte sie schon, was noch machbar sei oder noch einmal nachgebessert werden müsste. Ihr finanzstarker Partner war trotz optimiertem äußeren Erscheinungsbild längst auf und davon (oder gerade deshalb?). Natürlich wurde es nun für sie auch kostentechnisch nicht einfacher, weshalb sie Schulden machte. Sie verkaufte ihren Schmuck, musste in eine kleinere Wohnung ziehen und versuchte dabei immer wieder, Geld für eine neue Operation aufzutreiben, von der sie glaubte, dass sie lebensnotwendig sei.

Wenn man das Ganze genauer betrachtet, gibt es keinen gravierenden Unterschied zu einer anderen Abhängigkeit wie zum Beispiel der Alkohol- oder Drogensucht. Der Körper muss ausbaden, was die innere Einstellung des Mangels sich so ausdenkt. Da das alles ja nur ein Verbessern von äußeren Dingen ist, entsteht keine anhaltende Veränderung, da die Einstellung zu sich selbst nicht hinterfragt wird.

Aufgrund des ausgeprägten Mangeldenkens über den eigenen Körper, wird sie wohl „nie" glauben können, dass sie nur am oberflächlichen Verbessern ist. Nein, sie muss in diesem Fall ihre selbst erschaffene falsche Identität immer wieder neu bestätigt bekommen, indem sie immer wieder dieses Mangelgefühl erschafft. Sie erlaubt sich damit auch, weiter an der Sucht festhalten zu dürfen, und nährt dadurch zusätzlich die ungesunde Vorstellung, wie das eigene Erscheinungsbild auszusehen hat.

Da die Klientin ja den Folgetermin abgesagt hatte, weiß ich das alles deshalb, weil ich sie ab und zu getroffen habe. Deshalb kann ich heute auch sagen, dass die ganzen Operationen nichts genützt haben. Sie hat immer noch keinen festen Partner, lebt allein und die Schulden zahlt sie immer noch ab. Sie hat für sich erkannt, dass sie eigentlich beziehungsunfähig ist, dass sie keine Beziehung zu sich selbst hat und dass sie immer noch zu große Erwartungen an sich und andere hat. Auf meine Frage, ob sie sich denn nicht doch noch den Wert geben möchte, über die Eigenreflexion ihre Muster zu erkennen und damit aus dem Verbesserungsmodus herauszukommen, meinte sie nur: „Ich bin jetzt zu alt und da ich sowieso beziehungsunfähig bin, macht das keinen Sinn."

Hat sie resigniert? Oder ist ihr Leid noch nicht groß genug, um wirklich und ernsthaft radikale Selbsterkenntnis erfahren zu können/zu wollen?

Ich habe dieses Beispiel mit angeführt, weil die Suchtproblematik, die diesem Thema innewohnt, oft vergessen oder übersehen wird. Auch ist mir wichtig, den Zusammenhang zwischen Verbessernmüssen und einer ausgeprägten Beziehungssucht klar darzulegen.

Suche ist immer Mangel, zur Sucht wird das Ganze, wenn du den Mangel verbessern musst. Mit dieser „Einstellung" musst du den Mangel immer wieder neu fühlen und bleibst damit in der Verbesserungsspirale hängen, die sich unaufhaltsam abwärtsdrehen kann.

Spiel-, Rekord- und Geltungssucht

Das Mangelbewusstsein, „nichts wert zu sein", wird hier damit kompensiert, immer der/die Erste, immer die Nummer eins sein zu müssen. Mit dem Drang, alles gewinnen zu wollen, spielt man sich unbewusst in den Vordergrund, damit im Außen die falsche Identität immer wieder bestätigt werden kann.

Mögliche Prägung: ▪ nicht geliebt und anerkannt zu sein
Unbewusste Suche nach: ▪ Liebe, Bestätigung

Sexsucht

Die Ablehnung der eigenen Geschlechtlichkeit – egal, ob weiblich oder männlich – wird mit immer neuen Fertigkeiten und Erfahrungen auf der sexuellen Ebene kompensiert. Mit dieser fast sportlich anmutenden Leistungssexualität soll die Gefühlsebene kontrolliert werden.

Mögliche Prägung: ▪ Kontrolle der Gefühle
Unbewusste Suche nach: ▪ wertfreiem Erleben von Orgasmen und Ekstase, Einheitsempfinden

Womit in der Sexualität kompensiert werden kann, erfährst du im nächsten Kapitel. Auch hier habe ich mich mit Praxisbeispielen „zurückgehalten", da das Thema mit all seinen Mechanismen bereits Hauptthema in „BeziehungsDynamit" war.

Ich möchte an dieser Stelle noch einmal betonen, dass ich bei den aufgeführten Abhängigkeiten an stofflichen bzw. substanzgebundenen Süchten wie Alkohol, Drogen usw. und nicht stofflichen Abhängigkeiten keine Vollständigkeit anstrebe. Es ist mir hier einzig wichtig, auf Verknüpfungen zwischen der individuellen Identitätslosigkeit und den verschiedenen Kompensationsmöglichkeiten aufmerksam zu machen.

Kompensationen in der Sexualität

Sexuelle Fantasien sind meistens nicht das, was sie sein könnten, nämlich Ausdruck von Kreativität. Stattdessen dienen sie zum größten Teil als Kompensationen für Frustration und Mangel an Kommunikation. Das betrifft insbesondere die fehlende Verständigung mit sich selbst. Die Gründe dafür sind nicht nur vielfältig, sondern auch sehr individuell, weshalb ich mich auch im folgenden Kapitel nur sehr ungern auf Pauschalisierungen einlasse. Ich möchte dir dennoch aufzeigen, dass die Ursachen selten dort sind, wo die Wirkungen sie darzustellen versuchen.

Du hast das System der Beziehungs- bzw. Identitätslosigkeit nun schon ausgiebig kennengelernt und kannst dir deshalb sicher vorstellen, dass sich die gleichen Mechanismen auch in der kompensatorischen Sexualität wiederfinden lassen. Selbstverständlich handelt es sich bei den nachfolgenden sexuellen Ausprägungen hauptsächlich um Enttäuschungen aus der Vergangenheit. Doch schlussendlich hat jeder nur diese eine, nämlich seine eigene Vergangenheit, mit der er seine schlechten und/oder schönen Erfahrungen abgleichen kann. Die Bewertungsebenen sind für die Identitätsfindung sehr wichtig, denn jeder muss nun einmal zuerst in das hinein, was er nicht ist, um herauszufinden, was er ist.

Demnach müsste das Verständnis des Einzelnen sich selbst und anderen gegenüber eigentlich nur so von Toleranz und Einfühlungsvermögen strotzen. Oder?

Vielleicht warst du schon einmal (oder bist gerade) an dem Punkt, wo du dir mit großer Lustlosigkeit begegnest. Dass dies nur mit dir selbst zu tun haben kann, weißt du inzwischen. Wie könnten also die Antworten auf folgende Fragen lauten?

- Wie sieht es mit deiner Lust auf dich und das Leben aus?
- Was bedeutet „Lustvollsein" für dich persönlich?
- Was schnürst du in dir selbst ab?
- Wie fühlt sich diese innere Distanz an?
- Handelt es sich um ein Belohnungs- oder gar ein Strafprogramm?

Viele versuchen mit dem Verbergen ihrer Lust nicht nur, einer unbewussten Angst zu entfliehen. Sehr oft wird mit der Unterdrückung des eigenen Lustempfindens auch versucht, Kontrolle und damit Macht über sich oder andere zu festigen. Der irrtümliche Glaube, sich damit Unabhängigkeit zu verschaffen, muss enttäuscht werden, denn über kurz oder lang erfährst du, dass du dich lediglich von dir selbst zu trennen versuchst. Das kann aber auch bedeuten, dass irgendein pervertierter Teil in dir mit Gewalt versucht, deinen Geist von deinem Körper zu separieren.

Perversion bedeutet: „fehlgeleitet" – wider die vorgegebenen Abläufe der Natur – „verdreht", „widernatürlich", „geschlechtlich unnormal". Wir verstehen darunter die Kompensation von unterdrückten Anteilen, die nicht anerkannt oder für gut befunden werden können/dürfen. Mit diesen verdrängten Wesensanteilen passiert dann das Gleiche wie in der Natur. Wenn dort auf einen Pflanzentrieb eine Betonplatte gelegt wird, muss er sich einen anderen Weg ans Licht suchen, da ihm der direkte nach oben vereitelt wurde. Genauso verhält es sich mit den menschlichen Trieben. Denn auch ein verleugneter, für unnatürlich erklärter Trieb ist damit nicht einfach weg. Er ist nach wie vor natürlichen Ursprungs und sucht sich seinen Weg „ans Licht", auch wenn er tief ins Unterbewusstsein verbannt wurde. Eine Perversion zeigt sich immer irgendwann. Wo, ist meist überraschend und das Wie wird sich auf andere Weise ausdrücken, als sie entstanden ist.

Auch wenn das Thema Perversion heute vielleicht nicht mehr als Tabuthema sondergleichen gilt, wird es dennoch als Gesprächsthema gemieden. Darüber spricht man nicht, weil es Scham, Schuld und Hemmungen auslösen könnte. Auch deshalb wird sie heute noch vielerorts verteufelt und verdrängt.

- Scham ist das Gefühl unannehmbar zu sein, was von außen bestimmt wird.
- Schuld ist das eigene Verhalten, das unannehmbar ist.

Wenn du erkannt und anerkannt hast, wer und was du bist, greifen weder Scham, Schuld, Leiden oder Angst. An diesem Punkt bist du neugierig auf deine Wahrheit und vertraust darauf, sie dem Leben zumuten zu müssen. Außerdem sollte das Leben immer nur von innen nach außen gelebt werden, alles andere führt zu Problemen und Kompensationen. Zwar scheint der heutige Zeitgeist Neigungen wie Masochismus und Sadismus salonfähig zu machen. Jedenfalls deuten Bücher und Filme („Fifty Shades of Gray" und Ähnliches) einen solchen „Trend" an. Das offenkundige gesellschaftliche Bedürfnis, die bisher „dunkle Seite der Sexualität" in die Schlafzimmer einzulassen, beleuchtet allerdings auch eine gelangweilte oder vielmehr identitätslose Sexualität.

Frigidität

Im allgemeinen Sprachgebrauch werden gefühlskalte oder sexuell schwer erregbare Frauen recht schnell als frigide hingestellt. Doch eine sexuelle Un-lust kann auch Männer betreffen. Tatsache ist, dass jemand, der manchmal kein Verlangen nach Sex hat, nicht gleich als frigide abgestempelt werden darf. Frigidität oder Gefühlskälte können aus der Ablehnung des Lebens entstehen. Die Frage, warum lehne ich mich ab, kann nur individuell beantwortet werden. Verletzungen, Enttäuschungen, Angst vor Nähe, Bewerten und Verurteilen der Körperlichkeit alles ist als Ursache möglich.

Mögliche Prägung:
- schmerzhafte Erfahrungen mit Sex in der Vergangenheit
- Ablehnung von sich selbst und der eigenen Geschlechtlichkeit
- „Nein" zum eigenen Körper
- starkes Schamgefühl, zum Beispiel durch Erziehung, Religion usw.
- Angst vor Nähe oder vor zu wenig Nähe (wobei jeder Mensch Nähe anders definiert)
- Angst vor Geschlechtskrankheiten

Unbewusste Suche nach:
- einem lustvollen Leben

UMA LIVE-Praxis

Weiblich, 29

Sie kam zu mir mit sexuellen Problemen, weil sie weder auf Männer noch auf Frauen Lust hätte, und war davon überzeugt, dass sie nicht normal sei. Ich fragte sie zunächst, was denn in ihrem Verständnis normal sei. Sie gab nach hartnäckigem Nachfragen zu, überhaupt auf nichts und niemanden Lust zu haben. Eigentlich wisse sie überhaupt nicht, was Lust sei.

Als ich sie fragte, wie es denn mit ihren Sehnsüchten und Bedürfnissen aussähe, ob sie diese überhaupt kennen würde, brach sie in Tränen aus. Sie gestand mir, dass sie sich noch nie getraut hätte, etwas für sich zu wünschen oder zu erwarten.

Eine Sitzung, die nur auf der Gefühlsebene stattfindet, lässt vieles zu, was sonst von Verstandesfiltern blockiert wird. Damit kommt der „blinde Fleck" oder der „kritische Punkt" – welcher sich vielfach aus Kindheitsprägungen manifestiert und unbewusst das ganze Leben beeinflussen kann – viel eher und zum Teil deutlicher zum Vorschein. In diesem Fall kam heraus, dass sie sich als Kind total allein gelassen fühlte. In weiteren Sitzungen erinnerte sie sich an ihre Pubertät und ihre starke sexuelle Neugier. Sie masturbierte sehr viel und wurde dabei ein paarmal erwischt.

Was darauf folgte, waren Scham, Frust, Schuld und Angst vor dieser Energie sowie das damit abgespeicherte Glaubensmuster, dass sexuelle Lust und Genuss schlecht seien. Sie verbot sich diese Gefühle fortan rigoros. In den darauffolgenden Jahren tat sie unbewusst alles dafür, um diese Gefühle nicht mehr erleben zu müssen.

Der damit aufgebaute Schutz- und Vermeidungsreflex, der helfen sollte, ein bestimmtes Gefühl nicht fühlen zu müssen oder ein bestimmtes Gefühl fühlen zu können, zog weite Kreise. Sie verunstaltete unbewusst ihren Körper und kasteite sich, was Gefühle oder Lüste anging. Sie hatte zwar ein paar sexuelle Kontakte, die ihr jedoch nie Befriedigung gaben. Das war auch nicht möglich, da sie sich von sich selbst ganz weit entfernt hatte. Ein Fühlen oder Spüren wird damit unmöglich und das schlechte Gewissen, das sie immer bei sexuellen Kontakten beschlich, veranlasste sie irgendwann, „es" ganz sein zu lassen.

Ihr Frust wurde über die Jahre immer größer und die Selbstverachtung und Selbstzerstörung nahmen zu. Durch die Ablehnung ihrer weiblichen Identität fehlte ihr genau dieser Anteil an Weiblichkeit für ihr Selbstvertrauen. Sie identifizierte sich als Neutrum, nicht als sexuell lustvolle Frau. Die Beziehung zu sich selbst hatte sie gekappt, war jedoch gleichzeitig auf der Suche nach ihrer weiblichen, lustvollen, sexuellen Seite.

Diese Suche wurde zur Sucht und zeigte sich bei ihr zusätzlich durch eine ausgeprägte Essstörung (Magersucht) als weiteres selbstzerstörerisches Verhalten. Als Erstes musste sie ihre Bedürfnisse kennenlernen und diese anerkennen, statt sie als Mangel zu bewerten. Auch lernte sie, was Selbstverantwortung tatsächlich bedeutet – nämlich, dass sie für die Erfüllung ihrer Bedürfnisse selbst verantwortlich ist. Niemand im Außen kann die eigenen Bedürfnisse erfüllen, denn sonst gehe ich wieder in die Abhängigkeit und Bedürftigkeit und nicht in meine eigene Wahrheit und Individualität.

Durch das Bewusstwerden ihrer ablehnenden Einstellung gegenüber ihrem weiblichen Teil konnte sie auch über den Verstand nachvollziehen, **dass die Ereignisse aus der Kindheit einzig**

Hilfsmittel waren, um sich nach sich selbst sehnen zu können. Geschichten aus der Kindheit sollten nicht ein Leben lang als Alibis herhalten müssen. Denn die damit abgegebene Eigenverantwortung erzeugt im Außen immer wieder neue Schuld, welche schlussendlich den Eltern in die Schuhe geschoben werden muss. Durch diese Erkenntnis konnte sie die Verantwortung für ihre Vergangenheit als eigene Schöpfung annehmen, ohne sie bewerten und verurteilen zu müssen.

Heute lebt sie mit ihrer Lust und in einer passenden Beziehung. Doch glaube nicht, dass das so schnell ging, wie es hier steht. Sie mutete sich dennoch der „harten" Prozessarbeit zu, was wirklich sehr viel Mut erforderte. Um sich wertfrei seiner Wahrheit stellen zu können, braucht es immer ein „Ich will!".

Impotenz und Erektionsschwäche

Hier denkt man vornehmlich an den Mann, da Frauen eigentlich „immer können", wie es so schön heißt. Impotente Frauen müsste man, wenn überhaupt, als frigide einstufen.

Medizinisch weiß man heute, dass Impotenz nicht primär abhängig ist von der Menge des produzierten Sexualhormons Testosteron, die Ursachen sind meistens auf der seelischen Ebene zu suchen. Mann will eindringen, was jedoch mit einem weichen Penis nicht geht. Er kann dadurch die Frau in ihrem Lustempfinden nicht wahrnehmen und traut sich immer weniger, sexuell auf eine Frau zuzugehen, um weitere Enttäuschungen zu vermeiden. Das gleichzeitig mitschwingende Leistungsprinzip, das beim

Mann ohnehin latent vorherrscht, verstärkt den Druck und Frust zunehmend.

Mögliche Prägung:	▪ unbewusste Angst vor der Macht der Frau ▪ unbewusste Weigerung, eine Frau sexuell zu „nehmen" – als Bestrafung ▪ Ablehnung der eigenen Männlichkeit ▪ Angst zu verletzen oder um nicht verletzt zu werden – das eine gibt es nie ohne das andere
Unbewusste Suche nach:	▪ seiner wahren männlichen Natur

UMA LIVE-Praxis

Männlich, 52

Es trafen sich im Alter von Mitte 40 eine Frau und ein Mann. Beide hatten schon mehrere gescheiterte Beziehungen hinter sich und hatten sich als Ergebnis daraus, in ihrer Not und Schwäche, die Opferrollen als Identifikation ausgesucht. **Diese Opferrollen lebten sie mit großer Hingabe und ungeheurer Hartnäckigkeit aus. Wehe dem, der sie ihnen wegzunehmen versuchte.**

Die Frau hatte sich viele Jahre in esoterischen Seminaren und bei Heilern Hilfe gesucht. Der Mann wiederum, der glaubte sexuell nicht zu genügen, kompensierte seinen Mangel, indem er sich seinen Kindern aus vorherigen Partnerschaften widmete.

Beide empfanden unglaubliche Schuldgefühle gegenüber ihrer Vergangenheit.

Irgendwann konnte sie weder ihm noch dem Leben etwas abgewinnen, weshalb sie drohte, sich das Leben zu nehmen. Er hatte das Gefühl, sie retten zu müssen, weil er aus seinen früheren Beziehungen starke Schuldgefühle mit sich herumschleppte. **Es geht hier also um eine stark emotionale Frau, die aus allem ein Drama machen muss, und um einen Mann, der in seiner „falschen" Identifikation „ich bin nicht Mann" feststeckte.** Auf einen Nenner gebracht: Es geht um einen Papa, der glaubt, die pubertierende Tochter in die Erwachsenenwelt einführen zu müssen.

Der Crash war vorprogrammiert. Denn wenn zwei unmündige, labile, ängstliche Wesen voneinander die Bestätigung abholen wollen, dass sie in Ordnung sind, kann das eigentlich nur schiefgehen. Die Bedürftigkeit und die unausgesprochenen Erwartungen von beiden an den anderen müssen unweigerlich über die Kompensation in die Abhängigkeit führen.

Sie will eine Beziehung, auf die sich beide völlig einlassen. In ihrer Sprache bedeutet das: „Ich will dich besitzen, ich will bestimmen und das Sagen haben. Wenn das nicht geht, raste ich emotional aus und verfalle in meine Kindertrance." In ihren Augen hatte sie eine schlimme Kindheit und leidet heute noch unter der Angst, verlassen zu werden. **Sie braucht aber diese Angst, sonst hat sie keine Identität und kein Alibi mehr für ihre Opferrolle, mit der sie unbewusst Macht ausüben kann.**

Spätestens im Bett muss er dann aber vor so viel Macht kapitulieren. Was tut ein Mann, wenn er seine Männlichkeit nicht auch in der Sexualität spüren kann? Er kompensiert und wird, wie in diesem Beispiel, zum Retter/Ritter. Er übernimmt ihre Hilflosigkeit, indem er auf fast alle Wünsche von ihr eingeht. In seinem Unterbewusstsein läuft der Film mit dem Titel: „Ich muss die Ritterspiele gewinnen, dann bekomme ich meine Belohnung." **Aber für welchen Preis? Für den Preis der Selbstverleugnung und der darauf folgenden Demütigungen von ihr.** Er bemüht sich deshalb noch mehr, sich zu verändern, damit sie zufrieden ist.

Frage: Wie wird er wieder zu einem Mann und sie erwachsen? Schwer, denn dazu müssten beide bereit sein, etwas an ihren Einstellungen zu verändern. Wenn dieses „ich will" nicht da ist, kann niemand von außen unterstützen. Dann suchen beide die Lösung weiter beim anderen.

Sie waren bereit, an sich zu arbeiten, um den Ursachen ihrer Muster und Einstellungen auf den Grund zu gehen. **Dazu gehört eine Portion Mut zur Wahrheit und viel Selbstachtung.** Du kannst dir sicher denken, dass nach anfänglicher Ehrlichkeit sich selbst gegenüber die alten Muster immer wieder greifen, womit man dann vor die Entscheidung gestellt wird, sich richtig auf sich selbst einzulassen oder es lieber gleich sein zu lassen. **Es bringt nichts, nur Lippenbekenntnisse von sich zu geben. Es muss „tiefer gehen". Die eigene Geschichte muss selbstverantwortlich übernommen werden – dies geht nur über das Fühlen. Erkenntnisse erfahren sich nur auf der emotionalen Ebene.**

Er konnte sich nicht auf seine eigene Innenarbeit konzentrieren, weil sie ihn immer wieder herausforderte mit ihren Bedürfnissen und dem Bemängeln ihm gegenüber. Zwischenzeitlich tauchte seine Exfrau wieder auf, bei der er sich eine Zeit lang Rat und Schutz holte. Die notwendigen Prozesse liefen unterdessen weiter.

Seiner „Prozesspartnerin" gab er immer wieder die Möglichkeit, sich in alter Manier „einzubringen". Sogar hier fühlte er sich immer noch zu ihr „hin-gezogen". Er war zwar ein paarmal fürchterlich wütend, nur leider ging diese Wut nicht nach außen, wo sie hingehört hätte, sondern sie kam verändert als Schuld wieder zu ihm zurück. Seine große Angst vor dem Weiblichen wollte und konnte er andererseits mit seiner Wut auf das Weibliche noch nicht vernichten – zu sehr waren beide mit dem BRAUCHEN-Modus vertraut und waren damit sehr liebesbedürftig, aber nicht liebesfähig. Ein liebesbedürftiger Mensch ist immer emotional abhängig und macht seinen Partner damit koabhängig.

Nach einigen Jahren bemerkte er selbst, dass es so nicht mehr ging. Er teilte ihr mit, dass er eine andere Frau kennengelernt hätte, nur weil er zu feige war, ihr zu sagen, dass er vor ihr Angst hatte.

Wenn du glaubst, dass sie das so stehen lassen konnte, hast du dich geirrt. Sie interpretierte es völlig anders und machte ihm verbal die Hölle heiß. Er floh wieder in Notlügen. Sie machte trotzdem weiter und holte verstärkt ihre emotionale Zange hervor, um sich in verbalen Attacken auszulassen. Nur diesmal nicht grob, sondern versteckt manipulativ, zuckersüß und immer treffsicher.

Meine Versuche, mit ihr diese Dinge klarzustellen – indem ich ihr den Spiegel vorhielt –, verärgerten sie nur noch mehr. Sie hatte jetzt Angst, ihre Macht gänzlich zu verlieren, weil er es wagte, endlich Grenzen zu setzen. Diese wurden von ihr immer wieder bewusst verletzt, doch das konnte sie nicht so sehen. Sie verfiel wieder in ihre Kindertrance, „alle wollen mich verlassen" und „niemand liebt mich".

Erst, als sie Jahre später einen anderen Mann kennenlernte, der ihr angeblich die ersehnte Sicherheit gab – er war körperlich leicht behindert –, war er bereit, endlich für sich selber zu schauen.

Er sucht heute noch hin und wieder einmal Umstände, wo er die Ritter-Kompensation für den Preis von Demütigungen ein wenig „fühlen darf".

Ich hab euch diese Geschichte erzählt, damit ihr seht, dass es nicht immer ein „Happy End" gibt. **Niemand kann und darf eingreifen, wenn es im Drehbuch des jeweiligen nicht vorgesehen ist. Jeder lebt seine Geschichte – und was er daraus für sich macht, ist ganz allein seine Sache.**

Masochismus/Sadismus

Wenn für die Lustempfindung als Stimulation das Zufügen von Schmerzen, Erniedrigungen oder Fesseln bevorzugt wird, handelt es sich um Masochismus. Wird jemand anders damit erregt, bezeichnet man es als Sadismus.

Masochistisch Veranlagte sehnen sich nach Demütigung und Unterordnung und arrangieren dafür dramaturgische Situationen, wobei die Handlungen nicht immer nur sexuell motiviert sein müssen. Nicht selten wird diese Neigung auch dazu benutzt, sich selbst zu verletzen. Hier können sich allerdings noch andere psychische Störungen systematischer Selbstverstümmelungen einmischen, deren Ursachen sich noch tiefer in der Persönlichkeit eingenistet haben.

Sadistisch veranlagte Menschen erleben sich und ihre sexuelle

Lust und Befriedigung nur, indem sie andere Menschen demütigen, unterdrücken und ihnen Schmerzen zufügen. In beiden Fällen geht es um eine Überkompensation von Kontrolle.

Mögliche Prägung:	▪ Masochist: Identifikation als Opfer – und mit Ohnmacht ▪ Sadist: Identifikation als Täter – und mit Macht
Unbewusste Suche nach:	▪ Aussöhnung mit Opfer- und Täterrollen

Nymphomanie

Was für viele Männer als Wunschtraum beginnt, kann im Alltag schnell zum Alptraum werden. Auch für Frauen, die nicht im Sexgewerbe tätig sind, kann Nymphomanie durchaus ein ernsthaftes Problem darstellen, da sie unter ihrem zwanghaften Drang nach Geschlechtsverkehr leiden. Der Vergleich mit einem Drogensüchtigen auf der Suche nach dem nächsten Schuss ist dabei keineswegs abwegig, denn beides gilt als Krankheit. Nymphomanie kann als Gegenteil der Frigidität gesehen werden. Tatsächlich ist es allerdings auch hier – wie bei allen Kompensationen – ein Identitätsproblem, das aus einer Beziehungssucht und dem daraus folgenden Kontrollverhalten entsteht. Weil die betroffenen Frauen das Gefühl haben, dass es sie nicht gibt, weil sie sich weder fühlen noch spüren können, suchen sie die Bestätigung in der Kompensation durch die Hypersexualität. Auch hier spielt die Dosis eine große Rolle. Die Sucht nach immer noch mehr und stärkeren Gipfelerlebnissen – welche die innere Dumpfheit aufheben sollen – führt statt aus der Sucht nur noch tiefer hinein – und zieht immer weiter von sich weg.

Mögliche Prägung:	▪ Wahn vom Glück durch Sex ▪ Angst vor Bindung und Ablehnung ▪ starkes Gefühl der Wertlosigkeit
Unbewusste Suche nach:	▪ sich selbst, um sich spüren zu können ▪ Nähe mit gleichzeitiger Angst davor ▪ Harmonie und dem Gefühl, begehrt und geliebt zu werden ▪ dem bestätigenden geschlechtlichen Gegenpol im Außen

UMA LIVE-Praxis

Weiblich, 27

Kaum zu glauben, aber ein Ego will immer haben und gibt sich nie zufrieden, da es sich immer im Mangel glaubt. Ich möchte dazu das Elternthema nicht nochmals „strapazieren", doch scheint klar zu sein, dass die Erfahrungen und Erlebnisse aus der Kinder- und Jugendzeit sehr prägend sind. Gleichzeitig sind sie aber auch unglaublich wichtig, um erkennen zu können, was wir nicht wollen und nicht sind.

Die Klientin war mit 27 Jahren schon einmal verheiratet. Diese Ehe ging allerdings zu Bruch, weil sie nymphoman veranlagt war. Anfangs finden es Männer geil und supertoll, endlich eine sexuell aktive Frau zu haben, aber nach ein paar Monaten wurde es selbst für sie zu anstrengend.

Bereits in der ersten Sitzung zeigte sich, dass sie unbewusst diese Ehe als Schutz eingegangen ist, um sich und

ihre sexuelle Lust einzusperren – denn in Wirklichkeit hatte sie ein ausgeprägtes Mangelbewusstsein, keinen Selbstwert und deshalb auch keine Identität. Sie fühlte sich nicht liebenswert und brauchte über die Sexualität die Bestätigung. Das ist ein Teufelskreis, denn sie brauchte immer mehr Sex und Bestätigungen in Gestalt von immer wieder verschiedenen Männern, die, so glaubte sie, ihr Mangelbewusstsein ausgleichen würden. Ihre Droge hieß also Sex und führte sie unweigerlich in die Abhängigkeit. Wer etwas braucht, ist bedürftig und somit auch abhängig, wobei ich das Wort „brauchen" ganz bewusst verwende.

Bei der Wahl der Männer war sie nicht zimperlich. Es war ihr egal, ob sie attraktiv, reich, arm, klein oder groß waren. Hauptsache, der Mann war bereit, sie zu ficken. Ich schreibe absichtlich „ficken", denn etwas anderes wollte sie nicht. Nur so spürte sie sich. Auf der ständigen Suche nach einem geeigneten Sexobjekt wurde jedes männliche Wesen über das Muster der Willigkeit abgescannt. Sie musste sich spüren, fühlen und bestätigen – und das Werkzeug war die Sexualität.

Sie erzählte mir, dass sie mehrmals am Tag Sex brauchte, und dieser Zwang zerstörte nicht nur ihre Ehe. Sie verlor auch ihren Job, weil sie in einer Firma mit vielen Männern nicht nur arbeitete. Ich fragte sie, was sie denn so fühlte und spürte, wenn sie dieser Drang „ich brauche jetzt Sex" überkam. Sie beschrieb es so, dass es mit einem leichten Kribbeln und einer Unruhe im ganzen Körper anfing, was sich stetig steigerte. Ich fragte sie weiter, was denn der Auslöser sei, ob dieser visuell oder gedanklich sei. Da sie es mir nicht sagen konnte, führte ich mit ihr eine Sitzung durch, in der sie körperlich entspannen konnte, womit der Fokus auf die Gefühlsebene frei wurde.

Wir arbeiteten dann heraus, dass sie sich in ihrer **überwachten, klinisch reinen Kindheit total eingeengt gefühlt hatte. Ihre Mutter bestimmte alles und ließ keine Zärtlichkeit zu.** Liebevoll in den Arm genommen zu werden, kannte sie nicht und Verständnis sei für die Mutter auch nicht möglich gewesen. **So gab es einzig Druck und Kontrolle.**

Sie erkannte jetzt auch den Hass und die Wut, die sie auf ihre Mutter, also auf das weibliche Prinzip, entwickelt hatte. Sie glaubte, dass die Mutter immer noch die Kontrolle über sie hätte. **In Wirklichkeit war es jedoch ihre eigene Kontrolle, die sie einsetzte, um die nicht so heiligen Triebe zu unterdrücken. Sie benutzte ihre Mutter als äußeres Du, um die Verantwortung nicht übernehmen zu müssen. Sie fühlte sich schmutzig und schlecht, dumm und überwacht und durch den Widerstand gegen diese Energie baute sie die sexuelle Spannung auf.**

- **Sexuelle Spannung wird nur durch Bewertung und Widerstand destruktiv. Eine Entladung kann dann nur kompensatorisch stattfinden.**

Eine unglaubliche Wut stieg in ihr auf, die sie auch fühlen konnte. Da sich dieser wahnsinnige Groll nicht auf ihre Mutter, sondern einzig auf sich selbst bezog, konnte sie ihn nun endlich auch gefühlsmäßig zulassen – womit sie auch ihre selbst erschaffenen Muster erkannte.

Sie fühlte sich sehr erleichtert über die erfahrenen Erkenntnisse, die ihr klarmachten, dass sie sich immer dann in die Sucht flüchtete, wenn sie sich überwacht und dumm fühlte. Unbewusst versuchte sie allerdings auch, ihre Mutter zu bestrafen, und ging damit gleichzeitig gegen ihre eigenen weiblichen Wesenszüge an. In der Kompensation ging sie dann genau ins Gegenteil und wurde promiskuitiv, was dann schleichend in eine Nymphomanie überwechselte. Da ihr diese Muster nicht bewusst waren, konnte die Wirkung auch nie genug sein. Sie musste deshalb die Dosis ihrer Droge laufend steigern, um überhaupt eine gewisse Bestätigung wahrnehmen zu können.

Alles, was an den Eltern ablehnt wird, fehlt zur eigenen Ganzheit. Sie erlebte nun auf der emotionalen Ebene, dass sie sich von ihrer weiblichen Seite bewertend abgetrennt hatte. In diesem Fallbeispiel heißt das, dass alles, was sie an ihrer Mutter ablehnte – Kontrolle, Druck und moralische Werte – ,aber auch alles, was sie vermisste – das Liebevolle, Mütterliche und das Weibliche –,nun auch ihr fehlte. Sie lebte unbewusst eine aktive, männliche Sexualität und bestimmte wann, wo und wie. Dabei nahm sie sich im Außen, was sie an sich selbst und in sich vermisste, was ihr Mangelbewusstsein formte. Der männliche Teil in ihr nahm den Raum ein, der durch den zurückgenommenen weiblichen Teil in ihrem Bewusstsein freigegeben wurde.

Selbstverständlich ist die Nymphomanie nur eine Möglichkeit. Genausogut könnte sich dieses Muster als Frigidität oder Vaginismus zeigen. Eine sexuelle Spannung kann sich aber auch durch etwas anderes aufbauen, zum Beispiel durch visuelle Reize, Zeitdruck, Kritik und vieles mehr. Meistens ist es ein Widerstand, der gegen etwas in einem selbst eine Spannung erzeugt. Diese Energie sucht sich dann, je nachdem, wie die individuellen Muster und Konditionierungen abgespeichert sind, irgendeinen Weg zur Entspannung. Wird die „Er-lösung" im Außen gesucht, kommt es fast zwangsläufig zu einer Abhängigkeit, die eine Droge im Schlepptau hat.

Spannung entsteht durch Plus und Minus in der Batterie, ohne sie würde kein Auto auf dieser Welt fahren. So ist in uns der weibliche sowie der männliche Pol der Antrieb für unsere Lebensenergie. Eine Spannung wird nur durch die Bewertung und den Widerstand zu ihr destruktiv und kann sich dann nur kompensatorisch entladen.

Vaginismus

Frauen, die an Vaginismus leiden, leiden unter einem reflexartigen, krampfhaften Verschluss der Scheide, während oder bereits vor dem sexuellen Akt. Sie wünschen sich zwar Geschlechtsverkehr, haben jedoch bereits Probleme mit dem Einführen von Tampons. Ihre ausgeprägte Beckenbodenmuskulatur kann sich zu einem sogenannten „Scheidenkrampf" zusammenziehen. Auch wenn die Betroffene das Gefühl hat, dass mit ihr etwas nicht stimmt, sind die Geschlechtsorgane vollkommen funktionstüchtig.

Mögliche Gründe für Vaginismus sind auch hier sehr individuell. Dabei können traumatische, gravierende und angsteinflößende Erlebnisse eine Rolle spielen, die nicht immer nur sexueller Natur sein müssen. Einen hervorragenden Schutzmechanismus wie hier kann auch die Angst vor Kontrollverlust auslösen. Doch diese Angst könnte man eigentlich zu jedem einzelnen Problem und Symptom als möglichen Grund darstellen. Viele betroffene Frauen entwickeln mitunter nymphomane Züge, da sie hoffen und glauben, dass der nächste Mann „es schaffen" müsste.

Mögliche Prägung:	▪ unbewusste Angst vor dem Mann: Es darf keiner mehr „rein" ▪ unbewusste Verweigerung der sexuellen Lust ▪ allerletzte Konsequenz weiblicher „Impotenz"/Verstärkung der Frigidität ▪ negative Körperwahrnehmung ▪ Angst davor, Kinder zu bekommen ▪ überkompensiertes Hygieneprogramm ▪ Angst vor der eigenen starken sexuellen Energie ▪ unbewusste Gefangennahme des Mannes ▪ Angst, verlassen zu werden
Unbewusste Suche nach:	▪ dem Vollweib, der hingabefähigen Weiblichkeit

Das System
Beziehung

Kommunikation im „System Beziehung“ 6

Oft höre ich Klagen, dass ein Gespräch mit dem Partner nicht mehr möglich sei. Dass er, oder auch sie, einfach nicht zuhören wolle und sich aus Diskussionen herausschleichen oder diese von vornherein abwürgen würde. Selbstredend ist ein Gesprächsaustausch in einer Beziehung sehr wichtig, denn ohne kommt das „System" ins Stocken und es geht gar nichts mehr.

Verständigungsprobleme in der Partnerschaft haben viele Ursachen. Missverständnisse sind dabei oft nur Symptome und deuten auf Erwartungshaltungen hin, die an sich selbst aber auch an den anderen unbewusst gestellt werden. Dazu kommt, dass das Verständnis für Kommunikation an und für sich einfach fehlt und eine gesunde Streitkultur einer angstbeladenen Harmoniesucht zum Opfer fällt. Kein Wunder also, dass sich irgendwann keiner der Partner mehr auf „Diskussionen" einlassen will – doch genauso wie Stillstand ist auch Stille tödlich.

Nicht nur wissenschaftliche Studien beweisen, dass der alltägliche Stress – den sich heutzutage so viele selbst erschaffen – die Kommunikation beeinflusst. Steckst du zum Beispiel in einer Lebensphase, in der dich innerer und äußerer Druck veranlasst, dich eher weniger auf eine „gepflegte Konversation" mit dem Partner einzulassen, ist deine Kommunikationskompetenz mehrheitlich geprägt durch Ungeduld und Genervtheit. In solchen Momenten sind dann gehässige und abwertende Äußerungen an der Tagesordnung, weil du die Kontrolle über dich und die Situation wiedererlangen willst. Das muss längerfristig zu Rückzug führen – und zwar nicht nur zum Rückzug deines Partners. Das „System Beziehung" geht damit in die nächste Runde und erlahmt.

Was kann man tun? Du kannst dir die Mechanismen anschauen und sie aufdecken, ohne Wenn und Aber. Das scheint kaum jemandem bewusst zu sein, jeder scheint viel lieber in seinem eigenen Dilemma zu baden. Um ein Zweierdilemma erkennen zu können, braucht es jedoch ein waches, wertfreies Hinschauen und Beobachten seiner selbst. Nur das schafft Distanz zum herrschenden Konflikt und führt automatisch zur Korrektur.

Viele haben immer noch Angst vor dieser Art Distanz und geben vor, dass sie sich damit auch von sich selbst entfernen. Sie bleiben deshalb lieber in leidvollen Emotionen stecken und identifizieren sich mit ihnen, ohne zu bemerken, dass sie damit nur noch mehr Dramen erschaffen. Solange eine wertfreie Beobachtung stattfindet – also ohne sich und den anderen mit Vorwürfen zuzuschütten –, kann der Raum entstehen, der nötig ist, um sich auf sich selbst und die eigenen Bedürfnisse zu besinnen. Unbewusst ist das die eigentliche Befürchtung, die jeder in sich trägt, nämlich zu erkennen, dass man sich und den Partner getäuscht hat, indem die eigene Wahrheit mit Wunschdenken überspielt wurde.

Unterschied zwischen Diskutieren und Mitteilen

Es geht hier nicht nur um ein pedantes Auseinandernehmen von Begrifflichkeiten. Der Unterschied zwischen „Sich-Mitteilen" und „Diskutieren" ist in der Tat immens und hat viel damit zu tun, wie weit die Macht- und Ohnmachtsverhältnisse im „System Beziehung" bereits fest verteilt sind.

Die vorherrschende Kommunikationsform in unserer ergebnisorientierten Gesellschaft ist das Diskutieren. Eine Diskussion ist davon motiviert, das Gegenüber vom eigenen Standpunkt zu überzeugen. Dass dazu allzu oft manipulative Argumente eingesetzt werden „müssen", hast du vor allem im Berufsleben sicher schon selbst erlebt, denn wenn das „Gespräch" nicht in die erhoffte Richtung geht, kommen auch schon mal Schwachpunkte, Schuldzuweisungen oder Rechtfertigungen zum Einsatz. Wenn alles nichts mehr nützt, werden Kompromisse eingegangen, die in der Regel faul sind, weil sie einzig Ängste verdecken sollen. Ein solches Vorgehen zeugt oft von mangelndem Selbstbewusstsein, was durch Machtkämpfe aufgewertet werden soll. „The winner takes it all" ist die Devise. Siehst du die Parallelen, die sich in Beziehungen widerspiegeln? Ein eigentliches Geschäftsgebaren wird in die Partnerbeziehung übernommen, weil ja auch da insgeheim etwas erreicht werden will.

Der Unterschied zum „Sich-Mitteilen" besteht darin, dass beim Diskutieren immer ein Zweck und Ziel dahintersteckt. Doch einzig im Mitteilungsmodus kann es gelingen, die eigenen Wünsche und Bedürfnisse – seine eigene Wahrheit – ohne drohende Konsequenzen anzubringen. Der Partner ist dadurch weniger dazu gezwungen, sich entscheiden zu müssen. Das Mitgeteilte muss weder gutgeheißen noch akzeptiert werden, da es einzig darum geht, den anderen darüber zu informieren, wie es einem geht oder was man von etwas hält. Ein solcher Informationsaustausch über persönliche Befindlichkeiten kann dann durchaus wertfrei sein. Das Gegenüber erhält auf diese Weise den Raum, den es braucht, um sich auf seine eigenen Wahrnehmungen zu besinnen. So wird reaktives, verteidigendes und rechtfertigendes Verhalten in eine agierende Darstellung einer persönlichen Situation umgewandelt.

Diese Art zu kommunizieren kann durchaus recht sachlich ausfallen. Wenn du aber nun befürchten solltest, dass damit jedwelche Spannung in der Beziehung flöten geht, täuschst du dich gewaltig. Gerade weil beide ihren Raum erhalten und damit wissen, dass in der Beziehung alles „ausgesprochen" werden DARF, entsteht Nähe – und auch diese Energie will sich zeigen oder „entladen".

Es gibt bereits viele Paare, die nicht mehr nach Verschmelzung oder der lebenslangen Harmonie suchen. Sie sind daran interessiert, wie Partnerschaften gelingen und wie jeder trotzdem eigenständig bleiben kann. Denn Partnerschaft hat nicht zu funktionieren! Es ist einzig eine Frage des Bewusstseins und wie man damit umgeht.

Wie sage ich es dem Partner NICHT?

Es ist längst bekannt, dass Frauen anders kommunizieren als Männer. Nicht umsonst gibt es Sprüche wie: „Ein Mann ein Wort, eine Frau ein Wörterbuch ..." Psychologen wollen nun herausgefunden haben, dass sich Frauen detaillierter über Männer oder Affären auslassen. Außerdem sollen sie sich tendenziell schneller über Männer beklagen, um sie für ihr eigenes Unglück verantwortlich zu machen. Männer hingegen sollen sich eher oberflächlich mit Äußerungen über Frauen halten.

Das mag vielleicht so sein, aus meiner Erfahrung sind jedoch beide Geschlechter gleichermaßen von Identitätslosigkeit und Beziehungssucht betroffen, weshalb sich die Kommunikationsbereitschaft nicht so einfach geschlechtlich gewichten lässt. **Ein bedeutsamer Punkt beim Thema Kommunikation in der Partnerschaft ist auch, dass die Partner ihre Probleme zuallererst miteinander besprechen und nicht vorab im Freundeskreis um Rat und Bestätigung suchen.** Nur so kann ein Paar eine Gesprächskultur aufbauen, die sich mit Respekt und Vertrauen in sich und den anderen entwickeln kann.

Ein kleines Beispiel, wie es enden kann, findest du im nachfolgenden Praxisbeispiel. Dort siehst du, wie sich eine Liebesbedürftige in einem Brief Luft verschafft. Sie wählt diese Kommunikationsform aus Angst, in einem persönlichen Gespräch erneut zu unterliegen. Sie versucht auf diese Weise, endlich einmal einen Machtkampf zu gewinnen, den sie längst verloren glaubte. Der Umstand, dass der Partner gleichzeitig immer auch uns selbst spiegelt, ist der Briefeschreiberin zwar nicht neu. Dennoch fiel sie aus allen Wolken, als ihr klar wurde, dass es sich bei den Anklagen und Vorwürfen um nichts anderes als eine Diskussion mit sich selbst handelte.

Noch etwas zur Wahl des Kommunikationsmittels: Es ist grundsätzlich nicht in Ordnung, seine emotionale Unzufriedenheit per SMS, E-Mail oder Ähnlichem „mitzuteilen". Dort steht nur das geschriebenen Wort und nicht das Gefühl, das man eigentlich vermitteln wollte. Solche Meldungen können vom Partner leicht als Angriff aufgefasst werden, da er sich unter Druck gesetzt fühlt. Um erneute Missverständnisse zu vermeiden, versuche deshalb immer, gefühlsmäßige Befindlichkeiten im direkten Gespräch anzubringen.

UMA LIVE-Praxis

Weiblich, 28

Hallo ....

Ich will kein persönliches Treffen mehr mit dir. Es ist besser, ich schreibe dir, so kann ich dir vielleicht sagen, was ich schon längst hätte tun sollen. Denn es scheint eindeutig an der Zeit, dass ich dir mitteile, was ich eigentlich von dir halte, ohne dauernd Rücksicht zu nehmen. Du ziehst ja schließlich auch dein Ding durch, ohne Rücksicht auf Verluste und ohne Wenn und Aber. Obwohl ich mir mit der Hoffnung, dass meine Worte dich im Herzen erreichen, wohl auch nur etwas vormache.

Für dich und deinen Betrieb habe ich meine Karriere, meine Hobbys und meine Freunde aufgegeben. Ich könnte mittlerweile finanziell unabhängig sein, stattdessen wurden meine Schulden nur noch größer und das nur, weil ich dich unterstützen wollte. Freundschaften muss ich mir jetzt wieder mühsam aufbauen und das ist wirklich schwierig. Wer will schon mit einem psychischen Wrack seine Zeit verbringen? Ich habe niemanden mehr, außer meiner schrägen Familie, die mich schon immer für dumm und unfähig hielt.

Es ist wahnsinnig ernüchternd, wie arrogant und erniedrigend du mit den Menschen umgehst, die dich lieben und nur dein Bestes wollen. Unfassbar, wie ich mich von dir habe manipulieren lassen. Deine gütige Nachsichtigkeit und der andere Vorwand, mir nur helfen zu wollen, haben mich lange blind vor der Realität gemacht, dass du mich nur klein halten wolltest. Du wolltest immer für mich da sein und ich habe es glauben wollen. Du hast meiner „irren" Familie nichts vorzuwerfen, denn auch du hast mich verraten.

Du wolltest immer wieder eine Trennung auf Zeit, um zu dir zu finden. Deinen Freunden hast du erzählt, dass es dir nicht so gut gehe und du dich mir in deinem Zustand nicht zumuten wolltest. Die Realität ist, dass du mir schlichtweg nichts zugetraut hast. Aber nicht nur mich hast du getäuscht, sondern auch deine sogenannten Freunde. Ich habe mir einzig vorzuwerfen, dass ich dir geholfen habe, gegen außen den Schein zu wahren. Du wolltest als weiser, fürsorglicher, verständnisvoller und liebevoller Mensch gesehen werden und ich hatte nicht den Mut, mir und den anderen dein wahres Gesicht einzugestehen und zu zeigen.

Ich habe mich zu lange für dich verbogen und mich damit selbst belogen. Ich wollte für dich hübsch und attraktiv sein. Ich arbeitete hart daran, selbstsicherer und weniger liebesbedürftig zu sein. All meine Kurse und Seminare, die mir dabei helfen sollten, eine richtige Frau zu werden, hast du verächtlich belächelt und mir die Worte im Mund verdreht. Sobald ich etwas kräftiger war, hast du alles damit vernichtet, dass ich egoistisch und selbstsüchtig geworden sei. Jahrelang hast du mich mit deiner berühmten Wortgewandtheit in Schach gehalten und ich habe es zugelassen.

Ich will immer noch glauben, dass eine Beziehung etwas Wunderbares ist. Sie soll beiden Partnern in harmonischer Eintracht helfen, zu wachsen und zusammenzuwachsen. Das alles hatte ich gehofft, bei dir gefunden zu haben. Deshalb habe ich immer alles geschluckt und stattdessen immer mich als dumm und unzulänglich gehalten.

Ich habe nun erkannt, dass ich wohl eher mit dir Mitleid haben sollte, denn offensichtlich musst du noch mehr Angst vor dem Leben und der Liebe haben. Dein selbstbetrügerisches Ego ist so damit beschäftigt, die antrainierten Masken aufrechtzuerhalten. Wie lange hältst du diese anstrengende Lebensweise noch aus? Denn so darfst du doch gar niemanden wirklich an dich heranlassen, sonst würde man ja vielleicht deine dunklen Monster entdecken können.

Ich wünsche dir alles Gute und hoffe für dich, dass deine neue Freundin viel besser ist als ich und deinen psychologischen Würgegriff besser aushält, bevor du sie vernichtet liegen lässt.

UMA:
Hier erleben wir eine Kinderidentität, die sich hilfesuchend in Abhängigkeiten fallen lässt und jetzt nur über ein stark kompensiertes Ego aufgewacht ist. Manche Menschen sind so hochintelligent, dass sie sich ein ganzes Leben lang hinter der Maske der Intelligenz verstecken und diese oft auch noch durch sogenannte spirituelle Arbeit absichern. So entsteht ein spirituelles Ego, das sich im Alltag schwertut, was sich durch eine offensichtliche Beziehungssucht zeigt. Diese Menschen schaffen es, mit ihrer hohen Intelligenz Sicherheitsprogramme zu fahren, aus denen eine enorme manipulative Macht wächst, eine Macht gegen sich selbst – eine Macht der totalen Selbstaufgabe und Selbstzerstörung.

Wie sage ich es dem Partner?

Steigen wir gleich mit einem Beispiel ein, das klar aufzeigt, wie das „Sich-Mitteilen" funktionieren kann.

UMA LIVE-Praxis

Weiblich, 53

Mein Vater war sehr autoritär und als Kind hatte ich oft Angst vor ihm. Wenn meine Mutter sich dann wieder einmal überfordert fühlte, fiel schon mal der Satz: „Warte nur, bis Papa heimkommt." Gehorsam war sehr wichtig. Ich durfte zwar meine Meinung sagen, letztendlich haben aber immer meine Eltern entschieden, denn aufgrund ihrer Lebenserfahrung wussten sie, was für mich das angeblich Beste war.

Wahrscheinlich war es mein katholischer Hintergrund, mit sonntäglichem Kirchgang als Programmfixpunkt, der die Liste der Tabus bestimmte. Die Aufzählung der Themen, über die „man" nicht sprechen sollte, war lang und beinhaltete selbstverständlich auch alles Sexuelle. Aufklärung? Fehlanzeige.

Ich wollte raus aus der Enge meines Elternhauses, wollte ausziehen und vorerst mal alleine wohnen, was zur damaligen Zeit jedoch nicht gefragt war. Ein Grund mehr, weshalb ich mit 21 heiratete. Die Ehe schien mir unglaublich verlockend und ich wollte auch ganz schnell Kinder bekommen. Mein Vater beschimpfte mich als weltfremde Spinnerin, weil ich meine damalige gut dotierte Arbeitsstelle kündigen wollte. Ich solle doch nicht so dumm sein, schließlich wollten mein Mann und ich ein Haus bauen und könnten das Geld gut brauchen. Mir fehlte es an Mut und Durchsetzungsvermögen und da ich zum Gehorsam erzogen war, ließ ich mich von seinen Argumenten breitschlagen und blieb bis zur Geburt meines ersten Kindes an diesem ungeliebten Arbeitsplatz.

Ich begann etwas verspätet nebenberuflich, unter großen finanziellen Opfern und einem hohen organisatorischen Aufwand dann doch eine Ausbildung im Sozialbereich. Mein Vater tobte und sah unsere Ehe bereites den Bach hinuntergehen. Aber ich bekam die volle Rückendeckung und Unterstützung seitens meines Mannes. Auch wenn er nicht wirklich Interesse und Anteilnahme gezeigt hat, so hat er mir doch immer den Weg frei gehalten. Mein Mann war damals ein Vorreiter. Er hat jeweils Urlaub genommen, wenn ich auf Seminaren war, und hat sich dann wirklich intensiv und liebevoll um unseren Nachwuchs gekümmert.

Aber schon damals dämmerte mir, dass mir in unserer Beziehung etwas fehlte, das ich jedoch nicht benennen konnte. Emotionale Nähe? Anteilnahme? Aufrichtiges Interesse an meinem Leben? Spaß am Sex hatte ich mit meinem Mann nie wirklich und tröstete mich damit, dass Sex allein ja nicht alles sei und wir ansonsten doch ein recht gutes Leben und einen liebevollen Alltag miteinander teilten.

Während meiner ersten Ausbildung geschah es, dass ich mich in einen Ausbildungskollegen verliebt habe. Der Gefühlssturm hat mich komplett umgehauen und ich verwendete meine ganze Energie darauf, dass niemand davon Wind bekam. Die Gefühle hielten etwa ein Jahr an. Dann verliebte sich ein Kollege meines Mannes in mich und gestand mir dies. Im Gegensatz zu meinem Ausbildungskollegen faszinierte mich dieser auch körperlich.

Durch die verschiedenen Ausbildungen angeregt, begann ich, meinen eigenen Weg zu gehen. Die Beziehung zu meinem Mann wurde unterdessen immer inhaltsleerer und in einem lichten Moment wurde mir schon damals bewusst, dass mir das langfristig nicht reichen würde. Dieser Gedanke wurde aber ganz schnell von mir weggeschoben und ich beschloss, noch ein drittes Kind zu bekommen.

Als unser Jüngstes drei Jahre alt war, wurde die Sehnsucht nach einer neuen Herausforderung wieder geweckt. Ich begann, ein paar Stunden in einer sozialen Einrichtung zu arbeiten, und bekam dann die Gelegenheit, bei einem themenspezifischen Workshop in Wien teilzunehmen. Dort traf ich erneut auf einen Mann und wir verliebten uns auf den ersten Blick. Beide waren wir verheiratet, beide hatten wir Kinder und uns trennten 800 km. Trotzdem oder gerade deswegen begann ich meine erste „richtige" Affäre, die fünf Jahre gedauert hat.

Das Ende war ziemlich unrühmlich. Mein Mann hatte von außen davon erfahren, was für ihn ein großer Schock war. Wir haben das Ganze insofern aufgearbeitet, als dass es einfach unter den Tisch gekehrt wurde. Es wurde nie mehr erwähnt, nie mehr darüber gesprochen. Auch hier fühlte ich wieder diese Dankbarkeit meinem Mann gegenüber, der so großzügig über meinen Fehltritt hinwegsah.

Danach folgten ruhige Jahre. Wir waren damit beschäftigt, gute Eltern zu sein, und nach außen wurden wir als das perfekte Paar wahrgenommen. Aber mein innerer Druck nahm zu. Ich war unterdessen in einer kirchlichen Einrichtung an einer strategisch wichtigen Position beschäftigt und hatte ein gutes, sicheres Einkommen ... Ich saß fest. Aber wollte ich wirklich diese Komfortzone verlassen? Ich begann wieder mal eine Affäre, diesmal mit einem Mann, der mir völlig unterlegen war.

Zu Hause wurde ich immer unzufriedener und reizbarer, hatte zunehmend das Gefühl, dass ich nicht mehr mein Leben lebe, sondern nur noch die Erwartungen anderer erfülle und diesen entspreche. Ich wollte nur noch weg, raus. Wollte Unabhängigkeit, Freiheit und niemandem mehr Rechenschaft ablegen müssen. Aber ich war mir über die Tragweite dieses Schrittes im Klaren und das fühlte sich wie eine Fußfessel an. Ich traute mich nicht, eine Entscheidung zu treffen, bis eines Abends die Situation mit meinem Mann eskalierte und ich ihm entgegenschleuderte, dass ich nicht mehr mit ihm leben wollte.

Danach überschlugen sich die Ereignisse. Unsere Familien wurden informiert und fielen erst einmal in eine Schockstarre. Ich suchte mir eine Wohnung und erfuhr, dass mein kirchlicher Arbeitgeber mir kündigte. Ich verlor also auch noch meinen Arbeitsplatz. Ich fand zwar zu meinem Erstaunen umgehend eine neue Stelle, einen Arbeitsplatz, an dem es mir richtig, richtig gut ging.

Trotz allem fühlte ich mich immer noch mit meinem Mann verbunden und ich wollte wissen, was da noch zwischen uns war. Ich konnte mir gut vorstellen, dass diese Verbundenheit der Grund gewesen war, warum ich beim anderen Mann nicht wirklich ankommen konnte. Von Anfang an war jedoch meinem Ehemann und mir klar, dass ein „neuer Versuch" auch schiefgehen konnte. Aber wir hatten es dann wenigstens probiert.

Ich nahm also mein Leben als Ehefrau wieder auf, nur um festzustellen, dass ich aus diesem Gewand herausgewachsen war. Wir beide hatten uns sehr verändert. Ich konnte mich weniger denn je, auch sexuell, auf ihn einlassen. Und mir wurde klar, dass meine Rückkehr eine vorübergehende war. Mir graute vor dem Moment, alles wieder öffentlich machen zu müssen.

Der Kontakt zu meinem vorigen Lebensgefährten war eine On-off-

Geschichte. Ich fühlte mich zu ihm hingezogen, auch wenn mich seine Bedürftigkeit gleichzeitig abgestoßen hat. Beschämt musste ich mir jedoch eingestehen, dass es mich auch faszinierte, eine solche Macht zu haben. Es war diese Dreierkonstellation, in welcher es mir noch am besten ging. Richtig glücklich war ich aber damit nicht.

Mein Erfahrungsbericht:

Der momentane Stand ist, dass mein Mann eine andere Frau kennen- und liebengelernt hat. Sie möchten ihr weiteres Leben miteinander verbringen und ich freue mich aufrichtig für ihn. Das wird zwar von meiner ganzen Umgebung mit einem Kopfschütteln quittiert, aber ich empfinde null Eifersucht. Wir haben einen wertschätzenden und freundlichen Umgang, was ermöglicht, dass wir derzeit noch unter einem Dach wohnen. Er ist jedoch aktiv auf Wohnungssuche.

Was mein Leben angeht, so fühle ich mich unglaublich gut und befreit. Ich habe keine Ahnung, wie es sich weiterentwickelt und ob ich mit meinem ehemaligen Lebenspartner nochmals zusammenkomme. Mir ist jedoch durch die intensive Arbeit mit mir selbst bewusst geworden, dass das Leben erlebt und nicht erdacht werden will, dass es MEIN Leben ist und ich die Hauptrolle darin spiele. Ich will darin Regie führen und mich nicht von anderen zur Statistin degradieren lassen.

Ich will ein lebendiges, prallvolles Leben. Ich will Fülle und ich will mir die Freiheit nehmen, Erfahrungen zu machen. Viel zu lange habe ich auf die Erlaubnis von außen gewartet. Viel zu lange habe ich mir einreden lassen, dass mir das nicht zusteht. Endlich habe ich den Mut aufgebracht, eigene Entscheidungen zu treffen und diese wiederum zu korrigieren, wenn ich fühle, dass Veränderung angebracht ist.

UMA:
Sie steht heute in ihrer individuellen Identität als einziger Apfelbaum, souverän mitten in der Pflaumenbaumplantage.
Sie meinte vor Kurzem, dass es für sie eminent wichtig gewesen wäre, von mir weder umgemodelt noch therapiert worden zu sein. Vor allem der immer wiederkehrende Appell, „Schau dir das an ...", hätte in ihr letztendlich bewirkt, sich dem Leben zu stellen.

Es ist nie zu spät 7

Wenn du bis hierher gelesen hast, weißt du, dass das Leben aus aneinandergereihten Erkenntnisprozessen besteht und ihm ein immerwährendes Bezugssystem innewohnt. Um in diesem „System" tatsächliche Erkenntnisse gewinnen zu können, sind die Gegensätze im Spannungsfeld der Polaritäten überaus wichtig. So kannst du die Bedeutung von „Frau" nur im Gegenteil von „Mann" erkennen und die Erfahrung von „klein" nur im Gegensatz zu „groß". Gegensätze dienen also immer der Unterscheidung. Im Verlauf des Lebens weicht das Unterscheidenkönnen allerdings immer mehr dem Bewerten und (Ver-)Urteilen – je nachdem, wie sich die gemachten Erfahrungen im eigenen „System" eingeprägt haben. Eine wertfreie Sichtweise auf das, was ist, fällt deshalb nicht nur schwer, sondern erscheint situationsbedingt oft unmöglich. Was auch nur wieder ein Alibi des Verstandes ist, dessen Existenzberechtigung daraus besteht, zu be- und ver-urteilen.

Erkenntnisse entstehen nur, wenn du Erfahrungen zulässt, und Erfahrungen machst du einzig auf der emotionalen Ebene. Wenn du im Vermeidungsmodus versuchst, alle unangenehmen Erfahrungen von dir zu schieben, erscheint die Weisheit „im tiefsten Leid liegt die Lösung" wahrscheinlich als wenig erfreulich. Das ist sie auch nicht. Sie zeigt einzig, dass die Lebens-Sinuskurve niemals nur von unten nach oben zeigen kann, sondern irgendwann auch wieder nach unten weisen muss. Nichts kann immer nur wachsen und gedeihen, sonst wären wir von Mutationen nur so umgeben.

Diese Erklärungen mögen zwar den augenblicklichen Schmerz eines Erfahrungsprozesses nicht unbedingt lindern. Doch das geschieht nur, weil du das Leid erleben willst, da du dich unbewusst mit dem Schmerz und der dazugehörigen Geschichte identifizierst. Deine Chance besteht darin, dass du dich auf die Beobachterposition verlegen kannst. Damit ziehst du dich aus dem Außen „zurück" und bekommst aus dieser Distanz die Möglichkeit, dir die Situation neutral anzuschauen, anstatt dich darin zu verlieren. Im Optimalfall erkennst du damit, wer du nicht bist, um herauszufinden, wer du bist, und was sich durch dich ausdrücken möchte.

Erkenntnisprozesse haben auch deshalb viel mit Ent-täuschungen und Desillusionierungen zu tun. Bestehende Täuschungen über sich selbst und Illusionen über andere lösen sich auf. Es ist deshalb durchaus möglich, dass dir schon bald alte Wunschvorstellungen – die du heute noch durch die Bewertung im Außen für unbedingt notwendig erachtest – um die Ohren fliegen. Glaubst du zum Beispiel, eine bestimmte Fähigkeit haben zu müssen? Oder bewunderst du jemanden? Dann lass dir gesagt sein: Jede Eigenschaft, die du bei jemand anderem bewunderst, ist bereits in dir angelegt. Sonst könntest du sie nicht erkennen. Alles, woran du im Außen glaubst, hat seinen Ursprung in deinem Innern. Wenn du etwas wahrnehmen kannst, fühlst und empfindest du es auch. Empfinden kannst du jedoch nur „in dir", das ist deine einzige Realität. Deine Filter im Kopf bestimmen, wie sehr du deine Wahrnehmungen bewertest. Je mehr Filter du im Laufe deines Lebens entwickelt hast, umso mehr Gedanken und Urteile melden sich. In der Beobachterrolle sind keine Filter im Einsatz, womit eine wertfreie Betrachtung von dir selbst und vom Außen möglich wird. Das lässt dich viel Neues über dich erfahren.

Der Erkenntnisprozess:

- Du gehst da hinein, was du nicht bist, um zu erkennen, was du bist.
- Das eine ergibt sich nur aus dem anderen.
- Das „Nein" strebt zum „Ja".
- Täuschung führt zur Ent-täuschung.
- Bewegung braucht Spannung.
- Die Selbstverleugnung ist die Basis zur Selbsterkenntnis.
- Echte Erkenntnisse aus emotionalen Erfahrungen sind wertungsfrei.
- Alle Erfahrungen sind objektbezogen.
- Alle Erfahrungen geschehen nur auf der emotionalen Ebene.
- Alle Emotionen sind rollenbezogen.

Das mögen ganz andere Ansätze sein als diejenigen, die du bisher kanntest. Doch wenn sie dich neugierig machen und etwas in dir darauf reagiert, solltest du dieser Regung den Raum geben, den du ihr bisher verweigert hast. Um einen Erkenntnisprozess „in Gang zu setzen", ist es besser, wenn du nichts glaubst – auch nichts, was du in dieser Publikation oder in anderen Büchern liest oder irgendwo zu hören bekommst – hinterfrage stattdessen alles für dich und dein Leben. Nur so kommst du in deine Selbstverantwortung, und darum geht es schlussendlich.

Es ist nie zu spät, sich auf den Weg zu sich selbst zu machen! Was das nächste Praxisbeispiel beweist.

UMA LIVE

UMA LIVE-Praxis

Weiblich, 72

UMA:
Das folgende eindringliche und nicht alltägliche Praxisbeispiel zeigt, dass es in deinem Leben einzig auf dich selbst ankommt. Es zeigt, wie du dich trotz aller äußeren Widrigkeiten und Demütigungen von falschen Identifikationen befreien kannst. Wie?

Das Beispiel zeigt, dass dies lediglich durch die Annahme des eigenen Lebensdrehbuches möglich ist. Indem du deine Rollen bewusst spielst, anstatt dich mit ihnen zu identifizieren. Es beweist zudem, dass du trotz zurückgestutztem Apfelbaum in der Pflaumenbaumplantage nicht eingehst, sondern dich bewusst für deine Andersartigkeit entscheiden kannst.

Ich war ein Kuckuckskind, das Ergebnis eines Seitensprunges, das auch die vorgenommene Abtreibung durch meine Mutter überlebte. Ich kannte meinen Vater, wusste aber nicht, dass ich seine Tochter war, es blieb ein Geheimnis. Als ich zehn Jahre alt war, starb er mit 54 Jahren stark vereinsamt, da er sich von allem zurückgezogen hatte. All das erfuhr ich erst mit 64 Jahren, als meine Mutter und ihr Partner verstorben waren.

Als Kind empfand ich die Ehe meiner Mutter als schrecklich. Sie war eine gute Hausfrau, aber als Partnerin eine Hexe. Ihre extremen Gefühlsschwankungen verwirrten mich sehr stark. Angefangen vom Erobernwollen, Weggeben, bis zum Vernichten war alles dabei. Die 60 Ehejahre waren in meinen Augen die Hölle. Es gab von ihr immer Anschuldigungen und Morddrohungen und sogar eine Pistole kam ins Gespräch.

In der Familie meines Vaters gab es mehrere behinderte Menschen und daher waren er und ich für meine Mutter sowieso dumm. Mein Vater kannte keine Kommunikation. Er war sehr still und nur wenn meine Mutter nicht da war, sprach er mit mir. Er äußerte sich nie über die „Situation". Darüber wollte er nichts hören, auch wenn ich ihn danach fragte. Mit 50 nahm sein Gehör rapide ab und in dieser Zeit wurde meine Mutter mir gegenüber liebenswürdiger, ja manchmal sogar anhänglich. Was mein Vater tat oder nicht tat, es war für sie nie richtig. Sie lästerte unentwegt über ihn, auch gegenüber anderen.

Nachdem meine Mutter gestorben war, konnte ich mit meinem Vater reden, er erzählte wie nie zuvor. Eines Tages sagte er zu mir: „Weißt du, wir beide wurden vom ersten Tag an betrogen." Das machte mich hellhörig, ich hatte aber nicht den Mut, nachzufragen. Nach seinem Tod bestätigte sich das, was ich in mir schon immer gefühlt und gespürt habe: Ich bin ein Kuckuckskind. Er wusste, dass er nicht mein Vater war, und alle anderen starben auch mit diesem Geheimnis.

Mit 18, als ich in der Ausbildung war, lernte ich meinen späteren Mann (24) kennen. Er arbeitete öfter in der gleichen Bahnstation wie mein Vater (der ja eigentlich mein Stiefvater war). Als meine Mutter davon Wind bekam, dass ich einen Mann traf, versuchte sie sofort, mich zu manipulieren und die Beziehung schon im Keim zu ersticken. So verbreitete sie beim Arbeitgeber meines Freundes wüste Gerüchte, dass ich eine Hure und er ein Schwuler wäre. Ich wollte sie anzeigen, aber mein Freund war dagegen. Stattdessen wollte er mich heiraten.

Die Situation mit meiner Mutter eskalierte, was sich stark auf meine Gesundheit auswirkte. Endlich fand ich ein Zimmer bei einer Frau und da ich selbst kein Geld hatte, lieh mir ein Onkel 200 Franken. Nun konnte ich mich in Ruhe auf meine Prüfung als Damenschneiderin vorbereiten. Meine Eltern hatten keine Ahnung, wo ich war, nur mein Freund und ich kamen uns näher. Ich hatte Angst, schwanger zu werden, aber mein Freund bedrängte mich nie.

Nach meinem Abschluss bekam ich eine Stelle in einem Waisenheim und er besuchte mich öfter. Mit 21 heiratete ich ihn. Die Sexualität war für mich eher ein Muss. Wir sprachen weder über unsere Beziehung noch über Sexualität, Kinder oder Geld.

Ich bekam zuerst eine Tochter, dann drei Jahre später einen Sohn. Als ich dann noch einmal schwanger wurde, meinte mein Mann, dass das nicht gehe. In der „heutigen" Zeit könne man keine drei Kinder ernähren.

Wir wohnten in dieser Zeit auf dem Bauernhof seines verheirateten Bruders, wo ich auch arbeitete. Solange die Kinder noch nicht in den Kindergarten gingen, wohnten wir dort von Ostern bis Oktober. Ich arbeitete von früh bis spät in die Nacht und er fuhr jeden Tag in die Stadt zu seiner Arbeit. Ich brauchte kaum Geld, da wir nie in den Ausgang gingen. Ich schluckte still seine Meinungen, meine waren oft anders. Denn mir war klar, dass ich dieses dritte Kind nicht abtreiben würde, dass ich diesen Mann zu gegebener Zeit verlassen würde und dass ich keinem Menschen trauen konnte.

In dieser schwierigen Zeit bekam ich Blutungen und musste ins Spital. Die letzten sieben Monate der Schwangerschaft musste ich liegen. Mein Mann fragte nichts und ich blieb ebenfalls still. Da der Winter vor der Tür stand und mein Mann dann immer in seiner freien Zeit zum Skifahren fuhr, kam das Kind zu meiner Erleichterung ohne ihn auf die Welt. Innerlich hatte ich mich schon von ihm verabschiedet.

Nach 20 Jahren kündigte ich die Scheidung an. Er fiel aus allen Wolken und rannte zu meiner Mutter. Die beiden verbündeten sich gegen mich und benutzten dazu auch die Kinder. Ich wurde nicht nur als verrückt erklärt, sie forderten von mir auch noch Alimente für die Kinder und meinen zukünftigen Exmann, der sogar der Lover und ständige Begleiter meiner Mutter wurde.

Die beiden verbrachten Anlässe und Ferien miteinander und meine Mutter bezahlte alles, sodass er sein ganzes Geld sparen konnte. Mein Vater äußerte sich nicht zu dem Treiben. Die Beeinflussung meiner Mutter führte dazu, dass der Anwalt eine Abklärung der Kinder durch das Jugendamt beantragte. Der Jüngste wusste als Einziger, was er wollte, er blieb bei mir, die Tochter und der ältere Sohn gingen zum Vater.

Erneut zog ich ohne Sicherheit weg. Eine kleine Wohnung und die Arbeit als Schwesternhilfe im Altenheim waren für mich das Beste in dieser wirklich verrückten Zeit. Mein jüngster Sohn und ich überlebten, wir hatten ja das Nötigste.

Ich mied das Elternhaus und den Kontakt. Meine Mutter sah ich nie wieder. Sie starb zehn Jahre später. Mein Exmann entschied, mich nie wieder sehen zu wollen, und daran hält er nach 26 Jahren immer noch fest.

Mein Erfahrungsbericht:

Wie erschreckend das eigene Drama auch ist, **es ist nie zu spät,** sich davon zu befreien. Ein klares JA zu mir und dem, was ist, war für mich der erste Schritt. Darin wuchs auch das wirkliche JA zu meinem Leben und trieb mich an. Ich bin sicher, dass das der Grundstein für alles ist. Der weitere Weg öffnet sich passend zu den täglichen Erfahrungen und Wahrnehmungen, die wir alle verschieden erleben.

Sich von einem Leben, das über Jahrzehnte nur auf die anderen ausgerichtet war, auf ein bewussteres Leben einzulassen und damit Eigenverantwortung zu übernehmen, ist ein Sprung ins Ungewisse. Alles, was ich von mir glaubte, ja, wovon ich sogar überzeugt war, zeigte sich beim genauen Hinschauen und Hinhören als ein Paradox. Diese Erkenntnisse lösten Schock und Schreck über mich selber aus. Wie konnte ich mich nur so viele Jahre über mich und andere täuschen?

Die unklaren Umstände drückten mich jedoch seit der Kindheit so heftig, dass es für mich kein Zurück mehr zu geben schien. Die ganze Palette der Gefühle und Emotionen spie und brodelte nur so aus mir heraus wie aus einem Vulkan. Sie wurden endlich lebendig, waren aber zugleich auch bedrohlich. Tausend Fragen wirbelten durch den Verstand. Wie damit klarzukommen sein würde, war eine andere Geschichte.

Schon früher konnte ich beobachten, dass in der totalen Ohnmacht und Verzweiflung bei mir ein Gefühl wie aus dem Nichts auftauchte: „So, jetzt vertraue dir und der Schöpfung!" Trotz Schmerz wollte ich endlich wissen, wer ich denn wirklich bin. Meine eigene Geschichte und mein Alter, aber auch die Erfahrungen in der Alterspflege und in der Psychiatrie puschten mich, endlich aufzubrechen.

Die manchmal eigenartigen Aussagen und Wahrnehmungen der Bewohner im Altersheim fingen an, mich zu interessieren. Meine eingebrannten Muster konnte ich nun im Außen wie einen roten Faden als Wiederholungen erkennen. Der Spiegel wurde mir zu Beginn dieser Bewusstwerdung eher noch stärker vorgehalten. Ich brauchte einiges an Disziplin, um den Veränderungen in mir Zeit zu geben und dem Prozess zu vertrauen, auch wenn ich am liebsten vor dem Ganzen abgehauen wäre.

Als ich bewusst mehr zu mir schaute, bemerkte ich tatsächlich eine Veränderung. Sie fühlte sich fremd und etwas unheimlich an. Ich glaubte sogar, nun zum totalen Egoisten zu werden. Doch ein noch nie da gewesenes Gefühl von Distanz tauchte auf, das ich gleichzeitig als Erleichterung und Freiheit erlebte. So bedingungslos zu leben, ohne wissen zu müssen, wohin der Tag mich führen würde, war ein neuer Prozess, den ich heute noch genieße.

Ab und zu zeigen sich die alten Muster noch, doch die Heftigkeit des Überrolltwerdens hat aufgehört, weil ich sie früh genug erkennen und annehmen kann. So bleibt der kräfteraubende Widerstand nur noch kurze Zeit aktiv, womit die Identifizierung mit dem „Zustand" oder der Situation ebenfalls an Wirkung verliert. Ich finde es wunderbar, das Leben endlich zu leben. Sich all der verschiedenen Rollen bewusst zu sein und manchmal sogar noch eine neue zu erschaffen, macht sogar richtigen Spaß. Aber es stimmt schon: Ich brauchte Zeit und auch viel Mut, um hierher zu finden.

Das System
Beziehung

Schlagsätze 8

- Beziehung ist ein bioenergetischer Prozess und unterliegt einzig den universellen Gesetzmäßigkeiten.

- Jede Sucht ist der Versuch, das Unkontrollierbare zu kontrollieren. Emotionale Abhängigkeit ist das Resultat.

- Es geht um die Differenzierung statt um die Distanzierung oder Verschmelzung in der Partnerschaft.

- So wie wir das ablehnen, was wir sind, so wollen wir zu dem werden, was wir glauben, sein zu müssen.

- Wer sich verbiegt, ist scheinheilig, und wer etwas anderes als seine Wahrheit vorgibt, bekommt etwas, das er nicht braucht.

- In der Paarhölle treffen zwei unterschiedliche Menschen aufeinander und suchen den Himmel.

- Versuche nicht, mich glücklich zu machen, sondern zeige mir, wer du wirklich bist! Dann kann auch ich erkennen, wer ich wirklich bin.

- Krisen sind Ausdruck eines zentralen Entwicklungsvorganges, der in jeder Paarbeziehung von Bedeutung sein muss – es ist der Entwicklungsvorgang der Differenzierung.

- Lebenskrisen sind sorgsam maßgeschneidert und passen immer wie angegossen. Sie entstehen durch Selbstverleugnung und führen in Kompensationen.

- Wenn du etwas Neues über dich erfahren willst, musst du bereit sein, etwas zu fühlen, was du noch nie fühlen wolltest.

- Fakt ist, dass der Körper die letzte Instanz darstellt und uns wie ein Spiegel vertrauensvoll auf innere Umstände hinweist.

- Suche ist immer Mangel. Zur Sucht wird es, wenn der Mangel verbessert werden soll.

- Ein Ego will immer haben und gibt sich nie zufrieden, weil es sich immer im Mangel glaubt.

- Partnerbeziehungen sind als solches sehr wichtige Meilensteine für die persönliche Entwicklung.

- Mit einer Partnerbeziehung strebt man eine Vervollkommnung der eigenen Persönlichkeit an.

- Sexuelle Spannung wird nur durch Bewertung und Widerstand destruktiv. Eine Entladung kann dann nur kompensatorisch stattfinden.

- Nichts stimuliert und fordert die persönliche Entwicklung im Erwachsenenalter so sehr wie eine Liebesbeziehung.

- Die romantische Liebesbeziehung ist eine privilegierte Form des Leidens.

- In der Partnerbeziehung geht es darum, gemeinsam echt zu werden.

- Eine Überkompensation von etwas zeugt von unbewusster Selbstüberschätzung.

- Kannst du eine Rolle einfach nur spielen oder musst du dich gleich mit ihr identifizieren? Mit dieser Identifikation beeinflusst du dein gesamtes Leben und Sein.

- In der Beobachterrolle bist du aus der Emotionalität heraus.

- Schlussendlich entstehen alle Symptome aus einem Mangelbewusstsein heraus. Dies wiederum resultiert aus einer Identitätslosigkeit.

- Bedürftigkeit macht abhängig und führt in die Ohnmacht.

- Ein wichtiger Punkt beim Thema Kommunikation in der Partnerschaft ist auch, dass die Partner ihre Probleme zuallererst miteinander besprechen und nicht vorab im Freundeskreis um Rat und Bestätigung suchen.

- Die Differenzierung ist der wichtigste Eckpfeiler einer leidenschaftlichen Liebesbeziehung.

- Die Sucht nach Harmonie und Verschmelzung entsteht aus dem Glauben, sich selbst nicht zu genügen, und aus der Angst, sich selbst zuzulassen.

- Die gängige Vorstellung von einer Paarbeziehung als einer wechselseitigen Abhängigkeitsbeziehung betont unsere Bedürftigkeit und nicht unsere Stärken.

- Die Angst, Scheuklappen unserer vorgefassten Meinungen abzulegen, hält uns davon ab zu ergründen, wie Beziehung, Sexualität und Intimität in Paarbeziehungen tatsächlich funktionieren.

- Liebe ist mehr als nur ein biochemischer Vorgang. Sie ist die Suche nach uns selbst.

- Oft stellen sich die Lösungen erst dadurch ein, dass Situationen durchlebt und ausgehalten werden.

- Das Leben ist ein Erkenntnisprozess und damit ein immerwährendes Bezugssystem.

- Selbst-erkenntnis (ICH) durch die Fremd-erkenntnis (DU).

- Überdenke alle Möglichkeiten, die du vorher abgelehnt hast.

- Erwarte nicht länger, dass dein Partner dich versteht, akzeptiert und bestätigt. Mach es selbst!

- Rechne nicht damit, dass dein Partner sich auch mit seinem Selbstbild auseinandersetzt.

- Viele Fragen können nicht pauschal beantwortet werden. Sie müssen erst individuell, mit Respekt und der passenden Lebensgeschichte betrachtet werden.

- Wichtig ist, dass sich jeder zuallererst folgende Frage selbst stellt, bevor er damit nach außen geht: Welche Rolle von mir nimmt Bezug auf was?

Gibt es ein „Happy End" nur in Märchen? 9

Märchen haben mich schon immer sehr fasziniert und waren deshalb ständige Begleiter in meiner fernseh- und computerlosen Kindheit. Dass dabei ein glückliches Ende meine Kinderseele besonders befriedigte, kannst du sicher gut nachvollziehen. Heute lese ich jedes Märchen mit einem anderen Bewusstsein.

Auch wenn die alten Märchen in gewissen Kreisen als „pädagogisch nicht wertvoll" bezeichnet werden, setze ich bestimmte Charaktere daraus manchmal in meiner Arbeit ein. Diese symbolischen Darstellungen dienen oft einem besseren Verständnis von Prägungen und Mustern der individuellen Vergangenheit. Selbstverständlich eignen sich dazu nicht nur Märchen. Wer einmal den roten Faden seiner eigenen Mechanismen erkennt und damit nicht mehr in den Widerstand gehen muss, entdeckt im Außen nicht nur die selbst erschaffenen, sondern auch die „Storys" der anderen.

Anhand des folgenden Uraltmärchens **„Das hässliche Entlein"** (sinngemäß nach Hans Christian Andersen) möchte ich aufzeigen, was hinter einer vordergründig bekannten „Geschichte" alles stecken könnte.

„Es war einmal eine Entenmama, die ihre sieben Eier bebrütete. Dabei merkte sie, dass eines dieser Eier größer war als die anderen. Nach und nach pickte sich ein Küken nach dem anderen durch die festen Eierschalen und auch das letzte, größere Ei fing an, Risse zu bekommen. Endlich schlüpfte ein hässliches, großes Küken aus und die Ente wusste, dass das ein fremdes Ei gewesen sein musste. Als sie jedoch sah, dass es auch schwimmen konnte, war sie beruhigt und so nahm sie es, wie ihre sechs eigenen Küken, auch in ihrer Familie auf. Doch die anderen waren verärgert und wollten das hässliche Ding nicht dulden. Sie bissen, schubsten und verspotteten es. Am Anfang verteidige die Mutter es, aber als die anderen Enten und Nachbarn immer wieder fragten, was das denn für ein hässliches Entlein sei, bekam sie Angst und schickte es fort. Das hässliche Entlein war traurig und ging von da weg, wo es geglaubt hatte, zu Hause zu sein.

Es kam ins Moor und traf auf eine Gänseschar, die es mitnehmen wollten. Doch da gerade Jagd war, wurden sehr viele Gänse von den Jägern erschossen. Das Entlein selbst wunderte sich, dass es von den Jagdhunden verschont wurde. Diese hatten nämlich Mitleid mit ihm, so dachte es. Selbst um gefressen zu werden, sei es zu hässlich.

Es lief weiter und wo immer es einen Unterschlupf fand, wurde es verhöhnt und gequält. Eines Tages sah es wunderschöne Vögel. Es waren Schwäne und das Entlein fühlte in sich eine unglaubliche Sehnsucht und schaute ihnen ganz fasziniert nach, wie sie mit ihren langen Flügeln wegflogen.

Langsam wurde es kälter im Land und der Winter stand vor der Türe. Das Entlein schwamm unentwegt im Wasser umher, damit es nicht festfror und der See keine Eisschicht bilden konnte. Trotz aller Mühe – das Entlein war nach einer gewissen Zeit zu schwach und der Winter zu streng – fror es im Eis fest.

Nach einiger Zeit wurde es wieder wärmer. Der Frühling war gekommen und das Entlein bemerkte, dass es die Flügel wieder schwingen konnte, und wollte sie gleich ausprobieren. Dabei merkte es, dass sie viel stärker brausten als früher und sich auch viel kräftiger anfühlten.

Es wanderte weiter und kam zu prächtigen Gärten mit Kanälen und sah wieder diese wundervollen majestätischen Tiere mit ihren großen Flügeln. Trotz seiner Angst wollte es zu ihnen schwimmen. Es sagte sich: „Egal, und wenn sie mich totschlagen, weil ich so hässlich bin. Dann ist es besser, ich werde von ihnen getötet als von den Enten oder den anderen, die mich zwickten und verstießen.“ Es wurde ganz traurig und fasste allen Mut zusammen, um zu den Schwänen hinüberzuschwimmen.

Als es bei den anderen ankam, freuten sie sich und nahmen es sofort bei sich auf, denn es war der Schönste unter ihnen. Die alten Schwäne verneigten sich vor ihm und es schaute ins Wasser und sah sein eigenes Antlitz. Es war das eines strahlend schönen Schwanes, nicht das eines plumpen, schwarzen, hässlichen Vogels. Es hieß: Der Neue ist schön, so jung und prächtig.

Der junge Schwan fühlte sich beschämt und steckte den Kopf unter seine Flügel. Er begriff selbst nicht, was er damit anfangen sollte. Er war sehr glücklich, aber nicht stolz. Er ging in Gedanken dahin zurück, als er noch verhöhnt und verspottet worden war, und hörte nun alle sagen, dass er der schönste unter allen schönen Vögeln sei. Die Sonne schien warm und mild. Er hob seinen schlanken Hals, ließ seine Federn aufbrausen und jubelte aus vollem Herzen: „So viel Glück habe ich mir nicht träumen lassen, als ich noch das hässliche Entlein war!“

Die Moral von der Geschichte: Es schadet nichts, in einem Entennest geboren zu sein, wenn man in einem Schwanenei gelegen hat.

UMA:
Dies ist die Geschichte einer Identitätsfindung. Es zeigt die Auswirkungen von selbstgerechten Abwertungen durch die Gesellschaft und deren Normen, nicht konform zu sein, nicht dazuzugehören, da man ja andersartig ist.

Das Drama beginnt schon im Elternhaus: Ich werde dahinein geboren, was ich nicht bin, um zu erkennen, was und wer ich bin. Der Leidensweg des hässlichen Entleins ist vergleichbar mit vielen individuellen menschlichen Lebenssituationen. Die Mutter brütet trotz der Außergewöhnlichkeit und Andersartigkeit das Ei aus. Die Außergewöhnlichkeit kann man als individuelles Potenzial ihres Kindes bezeichnen. Es ist ihr zwar unheimlich, doch sie pflegt es trotzdem. Dennoch kann sie es nicht annehmen. Sie ist gespalten in ihrem mütterlichen Beschützertrieb – der die Brut schützen und verteidigen muss – und dem Bedürfnis, zur Gemeinschaft dazuzugehören. Sie erliegt schlussendlich dem Druck, sich anpassen zu müssen, und stellt sich damit gegen ihr Kind. Vielleicht auch, weil sie selbst unsicher oder eine perfektionistische und zurechtgestylte Ente ist.

Auf sich allein gestellt, verhöhnt, verletzt und gedemütigt, führt der Weg das Küken ins Moor und in den herannahenden Winter (Depression, Dunkelheit). An diesem Punkt ist Selbstverachtung gefährlich und der Abgrund sehr nah. In diesem Stadium zieht sich das Entlein zurück (festfrieren). Es erlebt so viele Demütigungen und wird sogar von Jagdhunden verfolgt (aggressive, männliche Sexualität), woraus sich die Suizidgedanken entwickeln.

Doch im tiefsten Schmerz liegt die Lösung. Die Sehnsucht nach der wahren Identität (Schwan) gibt ihm die Kraft, den Winter zu überstehen. Der „erwachende" Frühling (gefühlte Wärme) entfacht im Entlein den Mut, das, was war, aufzugeben (die Annahme der Ohnmacht und Schwäche, kein Widerstand mehr gegen die Andersartigkeit) und sich in Demut sich selbst und seiner inneren Führung zuzuwenden. Das (noch) Entlein ist bereit, sich den anderen zuzumuten, egal, was kommen sollte. Es findet damit den Mut, seine individuelle, einzigartige Schönheit anzuschauen und zu fühlen.

Beipackzettel UN-Gebrauchsanweisung 10

„Bei Risiken und Nebenwirkungen fragen Sie bitte NICHT Ihren Arzt, Apotheker oder Therapeuten, sondern lesen Sie diesen Beipackzettel. Ohne Haftung und Gewähr!"

Immer wieder werde ich gefragt, was denn die unverzichtbaren Zutaten für eine erfüllte Partnerschaft seien. Es gibt dazu aber keine Pauschalisierungen. Beziehungen sind nicht wie ein Menü, das ich zusammenstellen und für das ich nur noch die notwendigen Zutaten zu besorgen habe. Hier gibt es bestimmt kein Regelwerk oder eine Gebrauchsanweisung. Es gibt unzählige Bücher darüber, aber Liebe, Sexualität und Partnerschaft sind immer individuell ... anders.

Eine wichtige Voraussetzung ist allerdings das Interesse an der eigenen Wahrheit. Beim Finden dieser Wahrheit in den notwendigen Beziehungsprozessen gibt es nur eins: vollkommene Offenheit auf allen Ebenen, total ehrliche Kommunikation und die Bereitschaft zu wachsen. Ich will das hier noch einmal in der bekannten Metapher zusammenfassen: „Versuche nicht, mich glücklich zu machen, sondern zeige mir, wer du wirklich bist! Dann kann auch ich erkennen, wer ich wirklich bin."

Wenn nicht jetzt, wann dann?

Das System
Beziehung

ANHANG

RememberProzess®

Die Frage, WER oder WAS bin ich wirklich?, lässt sich übersetzen als: Wie sehr bist du tatsächlich bereit, nach deiner inneren Wahrheit zu leben? Willst du lieber glücklich oder willst du passend sein?

Der RememberProzess® ist DEIN radikaler Selbsterkenntnisprozess, der schonungslos deine Selbstverleugnung und die Täuschung über dich selbst aufdeckt.

Bewusstes Er-innern und die Erkenntnis dessen, was in dir angelegt ist, sind ein und dasselbe. Es geht einzig darum, dir deiner Blockaden bewusst zu werden, die dich daran hindern, das zu sein, was du tatsächlich bist. Denn: Was du nicht lebst, lässt dich nicht leben! Also kommst du nicht umhin, dich deiner mächtigsten Faszination zu stellen: der Frage nämlich nach dir selbst!

Selbst-bewusstes Erinnern ist kein Weichspülwaschgang, mach dir da keine Illusionen! Sondern die Zerstörung und Ent-täuschung aller Vorstellungen, die du zwischen dich und deine Wahrheit gestellt hast. Dieses Entdecken, die Neugier und das gnadenlose Forschen nach dir selbst führen zur Entwicklung deiner ureigenen Essenz und Potenzialität und somit in die absolute Eigen-Verantwortung für dein Leben. Es ist ein einzigartiger Kurs in „absoluter Klarheit".

PanaExperience®

Dieses außergewöhnliche Visionstraining kombiniert die Grundlagen der menschlichen Energiekonzepte mit den kosmologischen Gesetzmäßigkeiten und den neuesten Erkenntnissen der Quantenpsychologie. Erlerne eine mentale sowie wissenschaftlich fundierte intuitive Vorgehensweise, um die energetischen Ursachen von „Problemen" aufzuspüren und zu korrigieren, indem du diese als deine eigenen Schöpfungen •klar erkennst. Denn nur in den Wirkungen, im Zulassen deiner Wirklichkeit und somit im urteilslosen Geschehenlassen von emotionalen Erfahrungen begegnest du der Kernursache deiner Existenz.

PanaExperience® als revolutionäres Werkzeug führt methodisch zur emotionalen Intelligenz, was gleichbedeutend ist mit einem Leben aus der Kraft der Quelle. Schauen, ohne zu wissen, und Fühlen ohne Geschichte.

- Du entwickelst deine Persönlichkeit und entdeckst bisher verborgene Begabungen und Talente.
- Du setzt deine Intuition ein, um Entscheidungen leichter und vor allem überzeugter zu treffen.
- Du nutzt vollkommen neue Informationsebenen für deine berufliche, geistige und persönliche Weiterentwicklung.
- Du erfasst spontan Erkenntnisse aus der Zukunft.
- Du erkennst übergeordnete Zusammenhänge in deinen persönlichen sowie auch in kollektiven Entwicklungen.
- Du lernst deine persönliche Lebensaufgabe kennen.

Selbsterkenntnis im Sinne von PanaExperience® ist die Einsicht, dass du die aktuellen Lebensumstände auf der zeitlosen seelischen Ebene selber erschaffen hast, um jederzeit optimale Voraussetzungen für dein inneres Wachstum vorzufinden.

HSP – HighSensitivePerception

Die Ausbildung und Zertifizierung HSP basiert auf den Erkenntnissen der modernen Phänomenologie, des Quantenansatzes, des Neuroimaging, der modernen Gehirnforschung, des geistigen Ansatzes von Advaita, der Pana-Bewusstseinsforschung und der praktischen Arbeit des Imagineering. Alle diese Komponenten und organisierenden Systeme arbeiten im komplexen System dynamisch interaktiv, der Mensch im Raum seines eigenen Bewusstseins.

Die Ausbildung führt in die bewusste Wahrnehmung dessen, was ist. Diese bewusste Wahrnehmung ist angewandte Neurowissenschaft und schafft so die Brücke zum Körper-Geist-Komplex. Es ist die bewusste Introversion, die Erkenntnis, wie das Bewusstsein die Welt erschafft und sie als seine eigene Schöpfung übernimmt.

Die gesamte Ausbildung basiert auf einem progressiv erweiterten Wahrnehmungsvermögen mit dynamisch zunehmender Wirksamkeit, wobei durch bewusste Fokussierung die Hochsensitivität herausgebildet wird. In der Prozessbegleitung von Menschen und ihrer Erkenntnis- und Identitätsfindung sind dies notwendige Voraussetzungen für die Erarbeitung wirklicher Selbstverantwortung und geistiger Unabhängigkeit.

Die Ansätze sind revolutionär, da sie nicht „therapeutisch" angelegt sind. Deshalb ist die Ausbildung offen für neue „Etiketten". Die Benennung und Zertifizierung „Identitätscoach", „Integrativer Prozessbegleiter" oder „Phänomenologe" agiert als wertfreier Reflektor und regt die Selbsthilfemechanismen an, die sich einzig individuell entwickeln lassen.

Erkenne dich selbst – und du erkennst die Vollkommenheit aller Dinge.

Mit großer Leidenschaft und Sachkompetenz erforscht **Ursula Maria Auktor** die Polarität zwischen dem Männlichen und dem Weiblichen und die Dynamiken von Liebe, Partnerschaft und Sexualität.

Bei der Bearbeitung persönlicher Lebensthemen legt sie besondere Aufmerksamkeit auf elterliche Prägungen, familiäre Verstrickungen, unbewusste Beziehungsmuster und die Bearbeitung von Traumata. So gelingt es ihr auf faszinierende Weise, familiäre und partnerschaftliche Themen als Spiegel der eigenen männlichen und weiblichen Anteile zu entschlüsseln.

Ihre besondere Art der energetischen Transformationsarbeit eröffnet vollkommen neue Perspektiven des Bewusstseins.

Ursula Maria Auktor leitet zusammen mit **Klaus Konstantin** das Clarius-Institut für Bewusstseinsforschung und Potenzialentwicklung in der Schweiz. Sie sind Begründer des Bewusstseinstrainings RememberProzess®, der darauf aufbauenden Visionsarbeit PanaExperience®, der Ausbildung HSP – HighSensitivePerception und der verdeckten medialen Aufstellungsarbeit Klar-Stellung®. Daneben bieten sie Einzel- und Paarberatungen an.

WIR REFLEKTOREN

WER BIN ICH? ... unabhängig von den Anderen?

Glück, Erfolg und Zufriedenheit sind vollkommen individuelle Sichtweisen. Sie können nur innerhalb der eigenen persönlichen Wahrheit und des eigenen Drehbuches erlebt und damit erfahren werden.

Deshalb stellen sich immer wieder nur die einen Fragen:

- WER BIN ICH? ... In Bezug auf den jeweiligen Umstand und die jeweiligen Geschehnisse?
- Was will in mir erfahren werden? ... OHNE WENN UND ABER.

Es ist immer etwas anders, als du denkst, und genau das ist das eigentliche Problem. Die Antwort liegt immer im Kontext der Dinge. Dazu braucht es keine Konzepte, Therapien, Philosophien, kein Erreichen irgendeines Zieles, kein Tilgen von Altlasten, kein Verbessern, sondern nur glasklare und liebevoll schonungslose Reflektoren.

Es gibt bei jedem Menschen Momente tiefer Erkenntnis und Bewusstseinsklarheit, die alle Fragen nach Lösungen und Optimierungen überflüssig machen.

Alle anderen Umstände, Widerstände und Fragen entstehen aus tiefer Verzweiflung und der Unkenntnis über das menschliche Bewusstsein.

Unsere Arbeit besteht darin, die kurzen Momente der Bewusstseinsklarheit zu erweitern und Zustände von Angst, Selbsttäuschung und unbeantworteten Fragen durch Gegenfragen und Ent-täuschungen aufzudecken und zu eliminieren. Nur so kann die darunterliegende Klarheit einfach erscheinen.

- Selbstbeobachtung schafft automatisch Selbstkorrektur!
- Dies führt zur Frage: Wer oder was bin ich wirklich?

Statements über Unwissen führen somit durch schonungslose und kontinuierliche Konsequenz – durch unsere Anleitung zur Selbstaufklärung – in die Erinnerung und individuelle Selbstbestimmung. Dazu benutzen wir unsere eigene Bewusstseinsklarheit und sensitive Wahrnehmung.

Wir sind wertfreie und bedingungslose Reflektoren.

Weitere Informationen:

www.clarius-institut.info

BUCHEMPFEHLUNGEN
von Klaus Konstantin

ISBN 978-3-931560-42-3
Sheema Medien Verlag 2011

Wahrheit fordert ihren Preis. Deine seelische Essenz ist von Anfang an in dir angelegt und zeigt sich in dem Maße, wie du dir deine Illusionen bewusst machst. Um zu erkennen, wer du wirklich bist, kommst du daher nicht umhin, auch Schattenarbeit zu leisten. Der Pfad des Herzens führt nicht in den Himmel von „Licht und Liebe", sondern mitten durch die Hölle deiner Ängste und Widerstände. Denn was du nicht lebst, lässt dich nicht leben. Wahre Heilung erfordert zuallererst den Mut, endlich hinzuschauen und dir diesen leidvollen Überlebenskampf einzugestehen. **Denn es gibt keine Heilung für das Ich, sondern nur eine Heilung vom Ich.**

Klaus Konstantin vermittelt kein neues spirituelles Konzept, sondern regt an zur kompromisslosen Selbstdemontage. Mit überraschenden Perspektiven, hintergründigen Fragen und provokativen Impulsen ermutigt er dich, die Welt als Spiegel deines Bewusstseins zu erkennen. Auf dich selbst zurückgeworfen und aller äusseren Sicherheiten beraubt, bleibt dir schliesslich nur noch eines: **radikales Vertrauen.**

ISBN 978-3-931560-47-8
Sheema Medien Verlag 2015

„Was bekommt dein Ego eigentlich als Belohnung, wenn du leidest oder Angst hast? Hast du wirklich genug davon, dich schwach, machtlos und bestraft zu fühlen?"
Der Griff zu diesem Buch scheint darauf hinzuweisen. Aber HALT! STOPP! – beim Lesen kommt Lust auf das Leben auf, was ungeahnte Folgen haben kann. Dieses Buch ist gefährlich, denn es geht darin um Erinnerungsarbeit, die dich herausführen kann aus dem Altbekannten, aus den alten Vorstellungen, aus der Welt der Begrifflichkeiten. Erinnere dich – und du wirst eine andere Welt in dir entdecken: gefährlich, weil du sie nicht kennst und deshalb nicht beherrschen kannst. Vom Standpunkt der Persönlichkeit, des Ichs, des Verstandes heraus, der stets nach Sicherheit strebt, ist dies ein wirklich gefährliches Unterfangen. Auch weil sich dieses Buch als Werkzeug betrachtet, um das von dir wegzunehmen, was dir den Weg zu dir selbst versperrt. Es will dich animieren und setzt Impulse zum Abriss alter Konditionierungen und deiner alten Identität(en). Lese es nicht, sondern lausche ihm. Und erkenne: Selbstbeobachtung schafft automatisch Selbstkorrektur.